KB078726

시간관리학개론

가장 중요하지만 배우지 않은 그것

시간 관리학개론

TIME MANAGEMENT 101

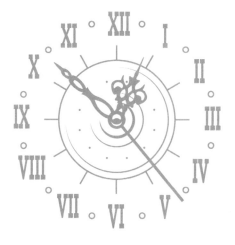

주완 지음

어떻게 시간을 보냈고 보내는 중이고 보낼 것인지
이게 우리의 과거, 현재, 미래다.

좋은땅

프롤로그:

왜 지금 시간관리가 중요한가?

세상은 공평할까? 불공평할까? 정답은 '둘 다'라고 생각한다. 어떤 국가 및 환경에서 태어났는지가 삶의 절반가량을 결정한다. 나머지 절반은 우리가 어떻게 인생을 보내는지가 결정한다. 물론 개인적인 생각이다. 그러나 선천적과 후천적 요소 모두 절대 무시할 수 없다. 인생의 함수에서 핵심 x, y 변수이다. 우리가 전자에 대해 할 수 있는 건 아무것도 없다. 오직 후자에서 승부를 볼 수 있다. 필자도 여러분도 빌 게이츠도 워렌 버핏도 매일 24시간이 주어진다. 인생이라는 그라운드에서 시간은 매우 공평하다. 그러나 대부분의 우리는 이러한 공평한 환경을 과연 유용히 사용하고 있을까? 시간관리를 능력이라 한다면 각자의 점수는 어느 정도일까? 단언컨대 대부분의 사람들이 낮을 것이다.

시간은 능동태이기도 하고 수동태이기도 하다. 전자는 계획대로 시간을 보내는 것이고, 후자는 그냥 흘러가는 대로 시간을 보내는 것이다. 시간의 소비 관점에서 여러분들은 능동적인가, 수동적인가? 절반가량이 수동적으로 시간을 보내고 있을 것이다. 자, 그럼 시간관리가 중요한 건 알겠는데, 대체 왜 지금 시간관리가 중요한 걸까? 효율적 시간 분배를 방해하는 세력들이 21세기 들어서 폭발적으로 늘어났다. 인터넷, TV, 더 늘어난 (사)교육 시간, 복잡해지는 인간관계가 주된 이유라 생각한다. 간단하게 하나하나 짚어 보자. 통상 대한민국 국민은 하루 5시간 이상 인터넷과 TV를 본다. 그중 몇 프로가 정말 필요해서 사용하는 것이고 얼마나 인생에 도움이 될까? 세상은 다양성을 요구하지만 우리의 교육은 여전히 획일적이다. 모두가 똑같은 걸 공부하고 경쟁한다. 각자의 시간과 재능을 얼마나 낭비하고 있을까? SNS는 깊숙하게 우리 삶 속을 파고들고 있다. 사람들과의 만남이 온라인까지 확장되면서 과거보다 더 많은 시간을 사람들과 소통한다.

위와 같은 적나라한 현실들을 한 발자국 뒤에서 바라보자. 얼마나 많은 시간을 인생에 도움이 되지 않는 것들에 사용했는지 말이다. 앞으로 기술의 발달과 함께 우리들의 시간을 빼앗는 세력들은 지금보다 더 많이 늘어날 것이다. 장담한다. 각종 동영상/오디오/엔터 등 플랫폼들은 수백억에서 수천억 원의 투자와 함께 우리들의 온오프라인 행동 데이터를 근거로 우리가 좋아할 수밖에 없는 콘텐츠들을 보게 만들 것이다. 필자도 가끔은 유혹에 넘어간다. 시간관리라는 툴이 없다면 필자도 주체하지 못할 정도로 콘텐츠 소비에 시간을 사용할 것이다.

우리의 시간은 제한적이다. 우리는 목표가 있다. 목표가 없어도 하루를 충만하게 보내야 한다. 대충 허무하게 하루를 보내는 불편한 그 느낌. 모두가 알 것이다. 그러므로 우리의 시간과 에너지를 목표 달성과 유의미한 하루를 보내는 데 써야 한다. 정리하면 지금 시간관리가 중요한 것은 이전보다 우리의 시간을 야금야금 빼앗는 것들(그들)이 기하급수적으로 증가했고 점차 우리의 많은 시간을 우리의 것이 아닌 그들의 시간에 사용한다. 그들이 항상 옳지 않다는 건 아니다. 중요한 건 우리가 과도하게 그들에게 시간 분배를 하고 있다는 것이다.

자기관리의 원칙들은 단순하다. 그러나 정말 어렵다. 아마도 그렇기에 끈기를 가진 소수의 뛰어난 사람들과 그렇지 못한 다수의 대중들로 나뉜다. 복기를 해 보자. 자기관리의 영역들 중 인간관계, 목표관리 등 못지않게 중요한 시간관리에 대해 처음 시작하는 마음으로 배워 보자.

시중에 시간관리에 대한 여러 책들이 있다. 그럼 이 책만이 여러분들에게 줄 수 있는 가치는 무엇일까? 광범위한 자료 참조와 구체성이다. 전자는 필자의 배경을 십분 발휘하여 영어 원서뿐만 아니라, 중국 원서 등을 참조하여 세계 각국의 시간관리에 대한 팁과 생각들을 이 책에 담았다. 이는 저자의 생각만을 담은 자기계발서와 다르다. 필자는 자기계발서일

수록 광범위한 독서를 통해 자기관리의 정수를 확보해야 한다고 생각한다. 추가로 그 정수에 대한 필자의 독특한 해석도 중요하다. 후자는 구체적으로 그리고 현실적으로 어떻게 시간관리를 제대로 할 수 있을지 공유할 것이다. 우리는 빌 게이츠가 아니다. 슈퍼휴먼이 아니다. 시간관리도 레벨이 있다. 레벨 10까지 있다 하면 10의 영역은 빌 게이츠, 엘론 머스크와 같은 시간관리 마스터들의 영역이다. 우리는 레벨 0에서 레벨 3을 목표로 하자. 그 정도로만 해도 장담컨대 상위 20%에 들 수 있다. 인생은 자기관리의 연속이다.

여러분들은 이 책을 통해 시간을 효율적으로 분배하는 구체적 방법을 배우고 그에 대한 결실이 있을 것이다. 이제 시간관리의 세계로 모험을 떠나 보자. 건승을 기원한다.

2021년 11월 21일 오후 10시 54분, 아시아 어딘가에서

주완(做完) 지음.

firstflagger1@gmail.com

목차

시간관리는 무엇인가?

장담컨대 시간관리는 인생을 바꾸는 스킬이다. 좀 더 구체적으로 시간관리가 무엇인지 생각해 보자. '시간'은 말 그대로 지금 계속 흘러가는 그 시간을 의미한다. '관리'는 효율적 체계 운영을 의미한다. 정리하면 수동적으로 시간이 흘러가는 대로 살아가는 것이 아닌 주도적으로 효율적으로 시간을 보내는 것이다. 그러나 시간관리는 스킬 이상의 의미를 갖고 있다. 광범위하게 보면 자기 인생에 대한 태도와 마음가짐을 의미한다.

필자가 생각하는 시간관리의 핵심적인 여섯 가지 요소는 다음과 같다. 질문, 시간, 목표, 에너지, 행동, 습관으로 이뤄진다. 여기서 잠깐, 독자 중 일부는 왜 시간관리에 질문, 목표, 에너지, 행동 등 시간관리와 관련 없어 보이는 요소들이 있는지 궁금해할 수 있다. 그 이유를 이 책에서 하나하나 밝혀 갈 것이다. 대략적으로 시간관리는 우리가 생각하는 것보다 훨씬 어렵다. 그러기에 이 세상의 대부분 사람들이 과거 삶의 굴레에서 벗어나지 못한다. 시간관리는 엄청 어려운 거다. 다른 유사 책들은 시간관리는 누구나 할 수 있는 거라고 말할 수도 있겠지만, 필자는 다르게 생각한다. 시간관리는 아무나 하지 못하는 것이다. 그러니 여러분들이 아무도 못 하는 것에 과감하게 도전하길 바란다. 누구나 할 수 있는 것은 가치가 없다. 아무도 못 하는 것, 아무도 갖지 못한 것만이 진정한 가치를 가진다. 그래서 제대로 된 시간관리를 위해선 시간 이외에 많은 것들을 수반한다.

간략하게 질문, 시간, 목표, 에너지, 행동, 습관의 의미를 다음과 같이 설명해 보자.

1) 질문: 왜 시간관리를 해야 하는지 자기 스스로만의 답이 있어야 한다. 그리고 시간관리를 해 가면서 끊임없이 최적화하기 위해 지속 질문해야 한다.
2) 시간: 시간 분배의 기준
    - What: 어떤 일에 시간을 배치할지 결정
    - Why: 어떤 일을 왜 해야 하는지 생각
    - How long: 어떤 일을 얼만큼 할지 결정
3) 목표: 시간 프레임별 해야 할 일 선정
    - Short: 1일~3개월
    - Mid: 3개월~12개월
    - Long: 1년 이상
4) 에너지[1]: 시간을 주도적으로 보내는 데 필요한 에너지
    - 체력
    - 멘탈

- 감정

- 영혼

5) 행동: 실천하는 방법

   - 스트레스

   - 회복

6) 습관: 힘들이지 않고 행동하기

   - 21일의 법칙

   - Life-long habit

시간관리는 분배와 선택에 대한 문제가 아니다. 그러나 대부분의 시간관리 책들은 이 두 가지에 집중하는 경향이 있다. 그러나 시간관리 방법만 알고 행동하지 않는다면 의미가 있을까? 없다. 시간관리만 다룬다면 우리는 이론만 얘기하는 거고, 시간관리에 필요한 핵심 요소들까지 다룬다면 실천까지 얘기하는 거다. 물론 주제와 내용의 일치를 위해 시간관리에 많은 페이지를 할애하겠지만, 그럼에도 불구하고 다른 요소들의 중요성을 무시할 순 없다. 위 여섯 가지 요소들의 실천 방법에 대해선 「4. 어떻게 시간관리를 해야 하나?」에서 다룰 예정이다.

사전적 의미에서 시간관리란 무엇일까? 여러 출처별로 각각의 의미를 찾아봤다.

시간관리의 사전적 의미

국립국어원	시간관리: 시간을 효율적으로 이용하기 위하여 계획을 세우고 시행함[2]
케임브리지 (Cambridge)	Time management: the practice of using the time that you have available in a useful and effective way, especially in your work[3] (특히 당신의 일에서, 이용 가능한 시간을 유용하고 효과적으로 실행)
콜린스 (Collins)	Time management: the process of deciding on the order in which you will do tasks, and making sure that they are done on schedule[4] (당신이 할 일들을 순서에 맞게끔 결정하는 과정과 그들이 확실하게 일정에 맞게 마무리 하는 것)
바이두 (百度)	时间管理: 指通过事先规划和运用一定的技巧、方法与工具实现对时间的灵活以及有效运用、从而实现个人或组织的既定目标的过程[5] (사전 계획과 일정한 기술, 방법, 도구 운영을 통해 시간을 융통성 있고 효과적 운영으로 개인 및 조직의 기정 목표를 실현하는 과정을 의미)

해석은 약간 다르지만, 공통 키워드가 있다. 효율과 실천이다. 전자는 시간의 최적화 분배를, 후자는 최적화 사용을 의미한다. 대다수의 시간관리 책들은 효율에 집중한다. 메시지는 비슷하다. 우선 순위를 설정하고, 필요하지 않은 일들은 과감히 위임하거나 하지 않는다 등이 있다. 그러나 인간은 기계가 아니다. 계획된 대로 살 수 있다면 이 세상의 어떠한 자기계발서도 필요하지 않을 것이다. 그래서 실천이 중요하다. 생각과 행동의 간극은 넓다. 이 책은 효율과 실천 모두를 객관적, 논리적 관점에서 어떻

게 시간관리를 제대로 할 수 있을지에 대해 얘기할 것이다.

　여기서 깜짝 퀴즈를 내겠다. 여러분들은 스스로 시간관리를 어떻게 정의하는가? 중요한 얘기다. 아무 생각 없이 시간관리 개념을 남들로부터 알아내는 것과 자기만의 주관을 갖고 정의를 내릴 수 있는 독특함과 독립적 사고 방식은 완전 다른 얘기다. 시간관리는 마라톤보다 더 혹독하고 어려운 도전이다. 자기만의 정의가 없다면 시간관리 체계의 뼈대가 쉽게 무너질 가능성이 높다. 정답은 없다. 그러나 정의를 개선할 여지가 있다면 지속적으로 수정해 나가면 된다. 1~3일의 시간을 갖고 여러분들만의 정의를 내릴 수 있길 바란다. 현재 필자의 정의는 다음과 같다.

　　　"시간관리는 인생을 지속 최적화하고자 하는 태도이다"

　태도. 그럼 태도란 무엇일까? 중국어론 '态度'. 한자어론 '모양 태', '법도 도'. 정형화된 시스템을 지켜 나가는 모습이라 생각한다. 그 모습은 외적(신체)과 내적(마음) 것을 모두 포함한다. 정리하면 시간관리란 신체와 마음의 힘이 모두 필요한 행위이다. 마음만 앞서 나가면 안 된다. 결론적으론 행동과 생각이 동반되어야 한다.

사람들을 시간관리에 대해 어떻게 생각할까?

윌리엄 셰익스피어 *William Shakespeare*
(1564-1616, 영국의 극작가)[6]

3시간 이른 게, 1분 늦는 것보다 낫다

Better three hours too soon, than one minute too late.[7]

아르투르 쇼펜하우어Arthur Shoppenhauer
(1788-1860, 독일의 철학자)[8]

보통 사람은 시간의 흐름을 신경 쓰지 않지만, 재능 있는 사람은 그것에 의해 움직인다.

The common man is not concerned about the passage of time, the man of talent is driven by it.[9]

앨런 라킨Alan Lakein
(미국의 시간관리 컨설턴트)[10]

시간 = 삶; 그러므로, 당신의 시간과 삶을 낭비하거나 혹은 통제하라.

Time = life; therefore, waste your time and waste of your life, or master your time and master your life.[11]

스티븐 코비Stephen R. Covey
(1932-2012, 미국의 자기관리 컨설턴트)[12]

핵심은 시간 소비에 있지 않고, 시간 투자에 있다.

The key is in not spending time, but in investing it.[13]

벤자민 프랭클린Benjamin Franklin
(1705-1790, 미국의 정치인)[14]

그대는 인생을 사랑하는가? 그렇다면 시간을 낭비하지 말라, 시간이야
말로 인생을 형성하는 재료이기 때문이다.

Dost thou love life? Then do not squander time, for that is the stuff life is made of.[15]

피터 드러커*Peter F. Drucker*
(1909-2005, 경영컨설턴트)[16]

우리가 시간을 통제할 수 있을 때까지, 다른 어떠한 것도 통제할 수 없다.

Until we can manage time, we can manage nothing else.

워렌 버펫*Warren Buffett*
(1930-, 미국의 투자가)[17]

시간은 제가 유일하게 살 수 없는 겁니다. 그러니까 기본적으로 전 제가
원하는 어떤 것도 살 수 있지만, 시간은 그렇지 못합니다. 시간에 대해 항
상 유의합니다. 제가 시간을 더 살 순 없으니깐요.

It's the only thing you can't buy. I mean, I can buy anything I want, basically, but I can't buy time. I better be careful with it. There is no way I will be able to buy more time.[18]

마크 쿠반*Mark Cuban*
(1958-, 미국 농구 댈러스 매버릭 팀 구단주)[19]

수표를 써 주지 않는 한 절대 미팅하지 마세요.

Never take a meeting unless someone is writing you a check.[20]

마이크 캐논 브룩스 *Mike Cannon-Brookes*

(1979-, 호주의 IT 사업가) [21]

한 번에 한 가지만 하세요. 멀티태스킹은 그만하세요!

Do one thing at once. Stop multitasking! [22]

위와 같이 세계의 수많은 여러 의미로 성공한 사람들은 시간관리 중요성을 강조했다. 각자 시간관리에 대해 생각하는 바는 다르나, 자세히 살펴보면 이면에는 몇 가지 공통점은 있다. 시간을 인생과 돈에 직결하여 생각한다는 것이다. 인생과 돈이 무엇인가? 우리가 평소 생각하는 주제의 대부분이다. 그만큼 중요하다. 그럼 시간관리를 해서 성공할까? 성공해서 시간관리를 할까? 닭과 계란의 문제일까? 필자는 이와 관련해 명확한 생각을 갖고 있다. 기본적으로 필자가 직접 봐 온 성공한 사람들은 대부분 성공하기 이전부터 시간관리에 철저했고, 성공 이후 본인들의 성과 및 자본을 지키기 위해 더 철저해졌다. 이게 정답이라 생각한다. 생각해 보자. 우리가 그들보다 성과나 자본은 적다. 개선하면 된다. 그럼 과연 우리가 그들보다 시간관리를 철저히 할까? 우리의 인생 목표는 하늘만큼 원대하고 높은데, 왜 시간관리 철학과 스킬은 하수일까? 이게 시간관리를 따로 시간 내어 공부해야 하는 이유다.

1분의 의미

1분은 짧은 시간일까? 긴 시간일까? 필자는 후자라고 생각한다. 1분은 결코 짧은 시간이 아니다. 우리가 1분 동안 할 수 있는 일들이 뭐가 있을까? 그중 우리 삶에 유용한 것들을 나열해 보자.

1. 책상 정리를 할 수 있다.

세부적인 건 좀 더 시간이 걸리겠지만, 최소한 대강적으론 책상 위의 물건들을 깔끔하게 정리할 수 있다. 미국의 비즈니스 매거진 「Inc.」 기사에 의거, 평균적으로 직장에서 주요 서류들을 찾는 데 매주 4.3시간을 소비한다고 한다.[23] 엄청난 시간 낭비다. 4.3시간 동안 할 수 있는 게 얼마나 많은가? 월 단위론 17.2시간이다. 거의 하루이다. 그 시간 동안 더 유의미한 일에 쏟을 수 있는데, 의도치 않게 불필요한 일에 시간을 뺏기고 있다. 이게 시간관리의 숨어 있는 적들이다. 그들은 크기가 크지 않아 위험해 보이지 않지만, 시간이 누적되어 주 단위/월 단위로 계산하면 엄청난 크기의 몬스터가 된다.

2. 간단한 스트레칭을 할 수 있다.

기지개, 스쿼트, 허리 돌리기 등 수많은 스트레칭을 할 수 있다. 1분 스트레칭 할 시간도 정말 없는가? 아닐 것이다. 1분 정도는 충분히 스트레칭에 활용할 수 있다. 만약 스트레칭을 단 한 번도 하지 않는다면, 몇 년 후 어깨 결림, 만성피로, 시력 저하 등이 생길 가능성은 51% 이상으로 높아질 것이다.

3. 아주 짧게나마 독서할 수 있다.
1분가량 휴식을 가질 때 독서할 수 있다. 이때 초단기에 집중적으로 읽는 독서 내용은 일에서 비롯된 지루함을 감소시켜 주고, 의미 있는 문구의 경우 오랫동안 머릿속에 남을 것이다.

4. 1분 동안 명상할 수 있다.
우리의 고정 관념은 명상이 오랫동안 앉아서 하는 것이라 생각하지만, 서서 짧게도 할 수 있는 게 명상이다. 되려 짬을 내서 하는 명상이 오히려 명상을 생활화하는 데 더 도움이 된다. 필자는 1분 혹은 그 이상 동안 눈을 감고 서서 하는 명상을 즐겨 한다. 1분 명상 동안 심호흡을 하며, 집중력을 높여 주고 마음에 안정감을 줄 수 있다.

시간관리의 고수가 되고 싶은가? 시간을 정말 아끼는가? 크게 보지 말자. 우리 당장 눈앞에서 흐르는 시간이 현실이다. 1분을 대충 보내는데 어찌 하루를 유용이 보내겠는가? 눈앞의 1분을 어떻게 보내느냐가 시간관리의 시작이다. 그렇다고 항상 힘이 들어간 상태에서 1분을 보낼 순 없다. 핵심은 24시간 중 최소 3번 이상의 1분만큼(총합이 겨우 3분이다)은 정말 알차게 보내도록 하자.

시간관리를 관장하는 뇌 영역이 있을까?

　결과적으론 아직 밝혀지지 않았다. 그러나 일부 과학자들 사이에서 시간의 길이를 판단하는 신체 기관이 있다고 추정한다. 『자기 전 15분 미니멀 시간사용법』의 저자 시공간 인지심리학자 이치카와 마코토는 대뇌기저핵(종족 유지에 필요한 본능적 욕구와 관계있는 곳), 전두전야(의사를 결정하는 데 관계있는 곳), 소뇌(뇌의 다른 부분이나 척수로부터 외부에 대한 감각 정보를 받아 이를 처리, 구성, 통합해 운동 기능을 조절하는 곳) 등이 유력한 후보라 말했다.[24]

시간을 관리하다: 시간은 무엇인가?

　같은 하루를 보내거나 일을 해도 그 시간을 생동감 넘치게 보내는 사람이 있는 반면 그렇지 못한 사람이 있다. 혹은 짧다고 느낀 사람이 있고 길다고 느끼는 사람이 있다. 혹은 즐거운 사람이 있고 괴로운 사람이 있다.

　시간은 아인슈타인이 말한 대로 상대적 측면이 있다. 여기서 중요한 대목이 있다. 우리는 흔히 시간을 자체를 생각할 때 1초/1분/1시간 등 단위적으로 생각하는 경향이 있으며, 무언가 측정할 수 있는 것으로 생각한다. 그러나 위의 예시처럼 똑같은 시간이 결코 똑같지 않다. 다르다. 그럼 시간은 대체 무엇일까?

우선 1차원적으로 생각해 보자. 시간은 사건의 연속이다. 즉, 선과 같이 선형적인 모습이다. 여기까지가 우리가 생각하는 일반적인 시간의 선형적(linear) 모습이다. 그 다음으로 2차원적으로 보면 주어진 동일 시간 내에서도 깊이가 다르다. 몰입 및 집중의 정도를 의미한다. 예를 들어 게임을 하는 시간은 몰입의 깊이가 깊어 그 시간은 지루하게 공부하는 시간보다 시간의 형태가 다르다. 여기서 끝난 게 아니다. 3차원적으로 보면 주어진 시간을 느끼는 감정이 다르다. 그 시간이 괴로울 수도 있고, 기쁠 수도 있다. 이렇게 시간은 선형적(linear)이기보단 비선형적(non-linear)이다. 더욱 흥미로운 점은 감정은 예상하기 어려울 정도로 변화하는 속성이 있고 고정되지 않는다는 점이다. 이러한 변화를 인지하고 관찰할 때 우리의 현 상태를 제대로 알 수 있다.

위와 같은 시간의 다양한 차원을 깨닫는 건 시간관리 측면에서도 중요하다. 단순히 1초/1분 등 인간이 만든 잣대로 시간을 1차원적으로 관리하는 것보단, 시간의 다양한 측면을 인지하고 깨닫게 되면 시간관리를 좀 더 고차원에서 해낼 수 있게 된다.

궁극적으로 1차원적 관점에선 시간의 유한성을 느끼고, 2차원적으론 시간의 깊이를 더하고, 3차원적으론 긍정적/객관적 마인드로 시간을 관리하는 것이 목표다. 이제 시간을 단순히 1차원적 관점에서 보기보다, 다양한 측면으로 시간을 바라보려 노력해 보도록 하자.

시간관리를 바라보는 독특한 시각 1
[ROTI 투입 시간 대비 수익]

시간관리는 대충 봐선 애매모호한 말이다. 이 애매모호함을 좀 더 명확한 기준을 갖고 바라볼 수 없을까? 필자는 있다고 생각한다. 시간을 투자 관점에서 보면 투자 수익이 있을 것이다. ROTI라는 개념이 있다.

ROTI(Return on time invested, 투입 시간 대비 수익) = Quality of result / Time invested
Time invested = 일을 하기 위해 투입된 시간
Quality of result = 결과물의 퀄리티

예를 들어 A라는 일을 하기 위해 투입된 시간이 3시간이라 하자. 결과물의 퀄리티가 B(성과, 인정 등)라고 하자. 3시간을 투입해 B를 얻어 냈다. 그러나 우리의 ROTI가 항상 매일 같진 않다. 어느 날은 동일한 A 일을 4시간을 투입해 동일한 B를 얻어 냈다고 하자. 전자는 B/3(4B/12), 후자는 B/4(3B/12)로 결과적으론 전자의 ROTI가 후자보다 1/12(8.3%) 높다. 이런 방식으로 시간 투입 대비 수익을 수치화하여 계산할 수 있다. 그럼 생활 속에서 ROTI를 적용할 수 있는 사례는 무엇이 또 있을까? 적성이다. 모든 사람의 재능은 다양하다. 다시 말해 당신이 하고 있는 일을 통한 결과물 퀄리티가 A, 재능을 통한 결과물 퀄리티가 B라고 하자. 동일한 시간, 예를 들어 3시간을 투입할 때, ROTI는 다를 것이다.

당신이 현재 하는 일을 통한 결과물 퀄리티 A / 3시간 = ROTI1

재능을 통한 결과물 퀄리티 B / 3시간 = ROTI2

ROTI1 < ROTI2의 결과가 도출된다.

이렇게 ROTI는 결국 결과물의 퀄리티와 투입 시간으로 결정된다. 재무 분석 관점에서 유사한 지표가 있다. ROE는 자본총계 대비 순이익, ROA 는 자산총계 대비 순이익이다. ROTI와 마찬가지로 결과값이 높을수록 우 수함을 의미하며, 분자와 분모의 변화에 따라 결과값이 달라진다.

ROE = 순이익 / 자본총계

ROA = 순이익 / 자산총계

다시 정리해 보자. 지금까지 우리가 알고 있던 시간관리 컨셉은 주로 동 일한 일을 몇 시간 만에 해내느냐의 관점에서 해석됐다. 이건 양적 분석 이다. 그러나 이보다 중요한 건 분자 값이다. 어떤 일을 선택하고 하느냐 가 ROTI를 높이는 데 더 큰 기여를 한다. 이건 질적 분석이다. 그러니 무 슨 일을 어떻게 빨리 할까 생각하기 이전에 '이 일을 지금 하는 것이 맞는 가'라는 질문을 해야 한다. 다음과 같은 플로우로 생각해 보자.

1. 이 일을 통해 얻고자 하는 결과는 무엇인가?
2. 이 일을 반드시 지금 해야 하니?
3. 이 일보다 중요한 건 무엇일까?

4. 이 일을 어떻게 빨리 완성할 수 있을까?

빌 게이츠, 워렌 버핏, 엘론 머스크 그들의 성취를 생각해 보자. 그들의 인생을 크게 바라보면 남들보다 ROTI가 월등히 높다. 남들과 같이 동일한 하루 24시간 속에 그들이 잘할 수 있는 일을 선택했고, 거기에 집중했기에 ROTI는 높을 수밖에 없다. 여러분들도 항시 ROTI의 개념을 갖고 하루를 살아가자.

반면 ROTI와 반대의 개념도 있다. 매몰비용이다. 낭비된 시간의 합이다. 적정 시간 이상의 유튜브, 인스타그램, 웹 서핑, 웹툰, 무의미한 휴대폰 열람 등 우리의 시간을 잡아먹는 매몰비용들이 많다.

시간 매몰비용 Sunken cost of time = 낭비된 시간의 합

an aggregate sum of wasted time

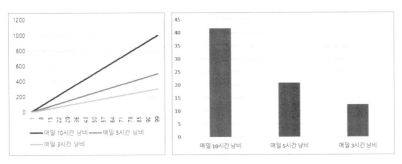

시간 매몰비용의 100일 누적 효과와 100일 누적 시간 낭비 합(일)

상기 표는 시간 매몰비용이 장기적으로 어떤 결과를 낳는지 보여 주는 차트다. 매일 10시간/5시간/3시간 낭비할 때, 초반에는 차이가 크지 않지만 100일에 도달했을 때 차이는 명확해진다. 매일 10시간 낭비하면 100일이 되면 1,000시간(약 42일), 매일 5시간 낭비하면 약 21일, 매일 3시간 낭비하면 약 13일이 된다. 결국 10시간과 3시간 낭비의 차이는 누적적으로 약 29일 차이를 만든다. 거의 한 달이다. 정리하면 매일 3시간 낭비하는 사람은 10시간 낭비하는 사람보다 100일 단위로 봤을 때 한 달을 유용히 사용할 수 있다. 100일이 약 3달이니 그중 33%인 1달을 덤으로 얻는 셈이다. 그러나 여기서 제시한 단위는 고작 100일이다. 인생은 이것보다 훨씬 길다. 1년, 1,000일, 10년 단위로 계산하면 엄청난 차이가 발생할 것이다.

Hughculver.com(자기계발 전문가 Hugh Culver)에 의하면,[25] 우리가 매일 낭비하는 시간의 합은 다음과 같이 많다. 각종 통계에서 취합한 데이터로 물론 우리가 하루에 아래 명시된 일들을 모두 하진 않는다. 그러나 자세히 살펴보면 1주일이란 기간을 두고 보면 거의 대부분의 사람들이 하는 일들이다. 수면 시간 8시간을 제외하면 실제로 우리가 실제로 생산적이거나 가치 있는 일에 투입하는 시간은 거의 없다. 가끔씩 정신 없이 이것저것 했는데, 느낌상 한 게 없는 느낌이 있다. 여러분들도 느낀 적이 있을 것이다. 그건 정말 한 게 없다는 뜻이다. 그만큼 시간 매몰비용이 높다는 거다. 한 번에 바꿀 순 없다. 일단 이메일 확인, TV, 스마트폰 확인 및 열람 등 가장 시간 낭비가 많은 부분부터 줄이도록 하자. 자세한 방법은 「5. 최고의 내가 되기 위한 방법: 시간관리 실전 편」에서 다루겠다.

일일 시간 낭비 통계[26] (참조: Hughculver.com)

시간 낭비 종류	분	시
이메일 확인	140.4	2.3
뭐 먹을지 고민	35	0.6
뭐 입을지 고민	16	0.3
운동에 대해 생각 (결국 운동은 안 함)	7	0.1
페이스북	37	0.6
기타 소셜미디어	27	0.5
유튜브	40	0.7
미팅	60	1.0
TV	240	4.0
무의미한 웹 서핑	96	1.6
스마트폰 열람 및 확인	171	2.9
합계	**869.4**	**14.5**

시간관리를 바라보는 독특한 시각 2
[ETC의 법칙]

ROTI보다 진화된 개념이 있다. ETC다. 이는 Energy, Time, Capital의 약자이다. 결과물을 생성할 때 이 3가지는 반드시 수반된다.

ETC의 법칙

$$\text{Max[Output]} = f(\text{Min[Energy} \times \text{Time} \times \text{Capital]})$$

핵심은 단순하다. '최소한의 에너지, 시간, 자본으로 최대 아웃풋을 창출하자'이다. 이 3가지 개념이 항상 머릿속에 있어야 한다. 혹자는 일이란 게 많은 에너지와 시간 등을 쏟아야 잘 되는 게 아니냐 물을 수 있다. 필자가 강조하고자 하는 개념은 1) 아웃풋에 항상 3가지 개념이 수반된다는 것, 2) 우리가 목표한 아웃풋에 필요한 자원들이 얼마큼인지 계산해 보자는 것이다. 예컨대 적은 자원으로도 될 일을 막대한 자원을 쏟아서 완성시키는 경우가 많다. 이는 얼마큼의 아웃풋을 낼 것인지 사전에 인지되지 않았던 것과 결과적으로 소중한 자원들이 낭비됐다는 것이다.

〈자원 낭비 사례들〉

1. 에너지
   - 중요한 시험에 집중하지 못한 것
   - 평소에 체력단련과 명상을 소홀히 하여 만성피로인 상태로 몇 년간 지내는 것, 결과적으로 어떤 일도 제대로 못 함
2. 시간
   - 1시간 안에 끝낼 문서 작성을 5시간에 걸쳐 하는 것
   - 30분만 휴식해야 할 것이 6시간이 되는 것
3. 자본
   - 6개월이면 끝낼 토익 시험을 2년이 넘도록 목표치에 달성하지 못하고 매월 수십만 원 학원비에 쓰는 것
   - 잘 알지도 못하는 기업에 투자하여 막대한 손실을 보는 것

프로세스 관점에서 위 법칙은 아래와 같이 사용할 수 있다.

1. 아웃풋의 목표를 설정하자
2. 필요한 에너지, 시간, 자본이 얼마인지 계산해 보자
   - 에너지: 5점 만점 기준으로 우선순위가 높을수록 5점. 높을수록 높은 집중력 요구
   - 시간: 분량을 보고 25분짜리 기준으로 총 몇 회 사이클을 돌려야 하는 지 판단
   - 자본: 실제 자본이 투여되는 아웃풋 프로젝트라면 필요 자본을 계산. 실제 자본이 투여되지 않는다면 각 개인의 연 소득 기준 시간당 임금을 산출하고 상기 예상 시간 값과 상응한 자본을 산정
3. 아웃풋이 나온다면, 이를 다른 사람들과 혹은 시간대별로 개인의 자원 사용 효율성을 판단해 보자

사실 자원을 얼마나 사용했는지는 중요하지 않다. 중요한 건 쏟은 자원이 아웃풋을 변환될 때 얼마나 최대화했느냐가 중요하다.

시간관리를 바라보는 독특한 시각 3
[확률적 시간관리 마인드의 힘]

시간은 결국 가만히 있어도 흘러간다. 가만히 있어도 미래는 온다. 필자는 최근 양자이론 관련 동영상을 보며, 확률에 대해 생각해 보았다. 고양이가 박스 안에 있다고 하자. 고양이는 안에 있을 수도 있고, 없을 수도 있다. 양자이론에 의하면 고양이는 확률적으로 존재한다. 비슷한 맥락에서 생각해 보면 우리가 지금 당장 A를 할지, B를 할지, C를 할지 선택에 달렸

다. 물론 자의도 있고, 타의도 있지만 자유주의 사회에서 대부분 많은 것들을 선택할 수 있다. 미래를 예측하는 것도 투자를 하는 것도 결국 확률이다. 본인이 생각하는 시나리오 중 가장 높은 확률에 배팅하는 것이다.

투자와 시간관리는 미래라는 공통인자를 갖고 있다. 미래는 불확실하다. 우리가 시간관리를 열심히 해도 미래가 우리 마음대로 흘러가진 않는다. 미래는 타의에 의해서도 많이 변형되기 때문이다. 필자가 이 책에 나온 방법대로 하면 목표를 반드시 이룰 수 있다고 한다면 그건 사기다. 세상에 100%는 없다.

미래를 바라보는 관점 관련하여, 세상에는 두 부류의 사람이 있다. 세상을 이분적으로 보는 사람, 확률적으로 보는 사람이다. 전자에게 세상은 2차원적이다. A를 하면 될 수도 있고 안 될 수도 있다고 보는 것이다. 세상을 보는 뷰가 좁기에 그냥 사는 대로 살아가는 경향이 있다. 어차피 열심히 해 봐야 결과는 뻔하다는 뷰도 있다. 후자에게 세상은 불확실하며 그들은 이를 받아들인다. A가 전개될 수 있는 이벤트들은 무수히 다양하다. 세상을 보는 뷰가 넓기에 주도적으로 살아간다. 자신의 주도적 행동으로 인해 예상치 못한 미래가 펼쳐질 수 있다는 사실을 알고 있다.

누구나 꿈꾸는 삶을 살아갈 확률은 낮다. 현상 유지를 할 확률은 높다. 현재보다 삶이 추락할 확률은 현상 유지 확률과 비슷하다. 결국 우리는 꿈꾸는 삶이란 낮은 확률을 향해 다가가는 것이다. 시간관리는 그 낮은 확률을 높이기 위한 전략이다. 좋은 대학 입학도 좋은 회사 취업도 창업한 회사가 상장할 확률도 낮다. 성공이란 결국 낮은 확률의 길을 계속 걸어가는 행위이다.

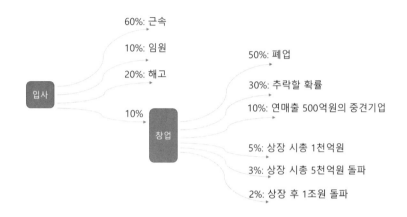

위 예시 도표를 참조해 보자. 순전히 예시일 뿐이다. 보통 입사하고 모두가 창업을 하진 않는다. 누구는 근속하고, 누구는 임원이 되고, 누구는 창업을 한다. 창업을 한 다음에도 여러 갈래의 길들이 있고 그중 남들이 원하는 것일수록 달성할 확률이 낮다. 시간관리를 할 때 이러한 확률적 마인드를 갖고 있어야 한다. 오늘 할 일이 무엇이고 이 일을 할 때 어떤 길로 갈 수 있고 이 길을 달성할 확률이 어느 정도인지 감이 있어야 한다. 오늘 하루를 어떻게 보내느냐에 따라 내일이 달라진다. 현재 눈에는 보이지 않겠지만, 매일 새로운 갈래들이 발생되며 그 갈래들 중 하나의 길을 우리는 가고 있다. 그 차이는 점차 커져 10년, 20년 뒤 현재 주변 친구들, 직장 동료들과의 차이도 극단적으로 바뀔 수 있다. 세상을 단편적 각도에서 바라보면 시간관리를 하고자 하는 동기가 적어진다. 반면 확률적으로 바라볼 때 최대한 시간관리를 효율적으로 하려 노력하게 될 것이다.

시간관리를 바라보는 독특한 시각 4
[MTP-Meaningful Time spent in Percentage 그래프]

　MTP를 설명하기 앞서 알아야 할 부분이 있다. 우리에게 시간은 무엇이고, 왜 관리해야 하는가? 많은 답들이 있겠지만, 결국 시간은 인생을 구성하는 중요한 부분이고, 우린 그것을 의미 있는 것에 할애하는 것이 핵심이기에 관리를 해야 한다고 생각한다. 다시 말하자면, 취업, 창업, 연애, 공부라는 공통적 주제가 아닌 우리 각자 개인이 정말 진심으로 생각하는 의미 있는 일에 시간을 쏟는 게 중요하다. 그럼 우리에게 의미 있는 일이 무엇이고, 그걸 지금 하고 있다고 생각하는가? 이 답변에 시원하게 답변할 수 있는 사람들은 예상외로 적을 것이다.

　의미 있는 일을 신경 쓰기엔 우리의 삶은 너무 바쁘기 때문이다. 중요한 건 아무도 우리에게 의미 있는 삶을 찾아야 한다고 붙잡고 얘기할 사람은 없다. 결국 선택은 우리 스스로에게 있다. 그런 측면에서 의미 있는 삶의 정의가 누군가에게 중요하지 않다면 중요하지 않은 것이다. 그러나 필자에겐 중요하다. 필자에게 의미 있는 삶은 무엇일까? 고민해 보니 세계 여러 곳을 돌아다니고, 그곳의 문화와 경제를 이해하고 사업과 투자에 응용하는 것이다. 거기서 배운 교훈들을 토대로 매년 책을 집필하는 것 또한 필자에게 의미 있는 삶이다. 이전에는 안개 끼듯 의미 있는 삶에 대한 애매모호함이 있었으나, 글자로 정리하면 그것들이 말끔히 사라지는 기분이다. 이러한 의미 있는 삶을 자주 생각하다 보면 어느덧 여러 국가에 사업체가 있고 친구들이 있고 세계 시민으로서 전 세계를 누비고 비행기 안에선 당해 연도 출판할 책을 쓰는 필자의 모습과 미래가 뚜렷이 보인다.

본론으로 돌아가면 MTP는 Meaningful Time Percentage의 약자로 삶에서 의미 있는 시간의 비중을 뜻한다. 예를 들어 어릴 때는 의미 있는 것들에 많은 시간을 할애했지만, 성인이 된 후 그렇지 못한다면 그래프는 아래와 같이 나타날 것이다.

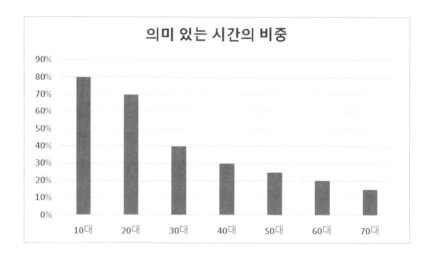

여기서 흥미로운 부분이 있다. 우리는 의미 있는 일이 무엇인지 몰라도 본인이 의미 있는 시간을 보내는지 아닌지 직감적으로 알 수 있다. 이런 시간들이 길어질수록 우리 삶의 MTP는 위 그래프와 비슷해질 것이다. MTP는 특별한 개념이 아니다. 단순하지만 직관적으로 본인이 현재 의미 있는 것을 하는지 느끼게 해 주고 그 비중을 자각하게 만든다. 어떤 삶을 원하는가? 스스로에게 많은 질문을 하고 행동해 보자.

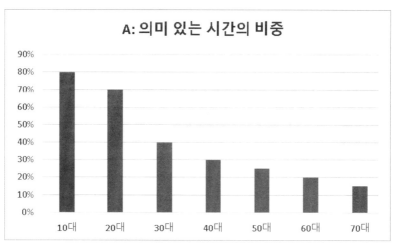

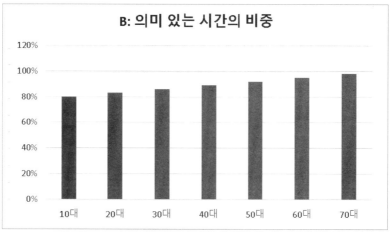

중요하지 않아

- 주완

과거에 무엇을 했든

미래에 어떤 일이 벌어지든
중요하지 않아

머리 속에 어떤 고민이 있든
무엇에 집착을 하든
중요하지 않아

감정에 휩싸이든
모두가 날 비난해도
중요하지 않아

현재 이 순간
들숨과 날숨이 교차되는 이 순간
온몸으로 느낄 수 있는 지금
이게 중요한 거야

시간관리를 정의하다

이번 장의 마지막을 시간관리의 정의에 대해 생각해 보며 마무리하겠
다. 앞서 내용을 정리하면 결론적으로 시간관리란, **우리 인생의 잠재력을
100% 끌어올리고자 하는 마인드셋**이다. 시간을 유용하게 사용한다는 의
미가 무엇인가? 결국 오늘보다 나은 내일을 꿈꾸며 잘 살기 위한 것이다.

여러분들의 꿈은 지금 어떻게 시간관리를 하냐에 달려 있다고 해도 과언이 아니다. 시간관리를 못 하는 우리의 잠재력이 현재 15~20%라면 당장 100%가 아니더라도 매년 10% 올린다는 생각으로 시간관리 스킬을 연마하자.

왜 시간관리를 하지 않을까?

구체적 이유(왜 시간관리를 못 할까?)

1) 미루기

대부분의 우리가 공통적으로 갖고 있는 만성질환이 있다. 미루기다. 한국뿐만 아닌 중국, 미국, 유럽 각국에 있는 많은 사람들이 갖고 있는 질환이다. 인간의 본성을 보여 주는 적절한 사례이다. 시간관리를 못 하는 핵심 이유이다. 그럼 왜 미루기는 극복하기 어려울까? 귀찮아서 그런 걸까? 그것보다 더 원천적인 이유는 무엇일까? 그 원인이 복합적이라 생각한다. '귀찮음'이라는 한 가지 이유가 미루기를 전부 설명하진 않다는 의미이다. 필자가 생각하는 그 원인은 시간관리, 목표관리, 에너지관리, 습관 등과 연결되어 있다. 정리하면 미루기를 하는 사람은 다음과 같은 특징이 있다.

미루기의 장단점은 무엇일까?

미루기를 장단점 측면에서 살펴보자. 먼저 단점부터 얘기해 보자. 미루기는 단순히 인간의 본성으로 간주될 일이 아니다. 곰곰이 생각해 보자. 우리가 미루기로 인해서 놓쳤던 과거의 수많은 기회들을 말이다. 학생 때는 공부하기를 미뤄서 원하던 대학을 못 갈 수 있고, 직장인 땐 열심히 분투하며 일하기를 미뤄서 고만고만한 직장생활을 할 수 있고, 창업을 할 때 정말 해야 할 핵심적 일들을 부수적 일들에 의해 미뤄서 유의미한 매출 성장을 만들어 내지 못할 수 있다. 그럼 구체적으로 어떤 영향을 인생에 끼칠까? 캐나다 온타리오 대학 심리학과 측 연구 발표에 의거, 미루기와 스트레스가 연관 있다고 말한다.[27] 비단 정신건강뿐만 아닌 신체건강과도 연관되어 있다. 2015년 캐나다 비숍 대학 심리학과의 푸시아 시로이스 Fushia M. Sirois 등의 발표에 의거, 미루기는 고혈압과 심혈관 질환과 관련 있다고 한다.[28] 왜 단순한 미루기가 건강과도 밀접한 영향이 있을까? 미루기는 해야 할 일을 제때 하지 않음에 따라 스트레스가 알게 모르게 생길 수 있고, 건강을 챙겨야 할 때 부수적 이유로 챙기지 못해 건강이 나빠질 수 있다.

그럼 장점은 무엇일까?
유전학과 생명학의 위인 찰스 다윈은 그의 명저 『종의 기원』을 최종 판하는 데 20년이 걸렸다. 결과적으론 다른 일 때문에 바쁘게 지내다

20년이 지나고 나서야 출간했다. 레오나르도 다빈치도 마찬가지다. 그가 생전 남긴 작품의 수는 20여 개에 불과하다. 앤드루 산텔라의 『미루기의 천재들』이란 책에선 미루기의 장점과 새로운 측면에 대해 자세히 다뤘다.[29] 앤드루는 미루기가 꾸물거리고 빈둥거릴 때 발생되는 창조적 영감의 가능성에 대해 말한다. 그러나 필자는 이는 사후적인 얘기이며, 일반인들에게 적용되기 어렵다고 판단한다. 물론 미루기를 통해 더 깊게 무언가를 생각할 수 있지만, 일반인은 미루기를 중요한 영역뿐만 아니라 일상생활 속에서도 미루기를 하며 자기 합리화할 가능성이 높기 때문이다. 그럼에도 불구하고 미루기의 장점이 있다면 무엇이 있을까? 탄산 음료 마시기, 야식하기, 자기 전에 누워서 스마트폰 하기 등 나쁜 습관을 미뤄 보는 건 어떨까? 그 정도 미루기는 해 볼 만하다고 생각한다.

(1) 시간관리: 우선 순위를 고려하지 않고 생각나는 것 먼저 실행한다. 중간에 지겨우면 다른 걸로 바꾼다. 우선 순위가 없기에 제대로 중요한 일을 끝내지 못하고 미루게 된다. 그러나 당사자는 결과보다 한다는 것에 의의를 더 준다. 자기 합리화의 방법일 수 있다.

(2) 목표관리: 주먹구구식으로 계획을 설정 및 실행한다. 결과적으로 체계적으로 시간관리를 하지 못한다. 예를 들어 제한된 시간 내 너무나도 많은 일들을 실행하려 한다. 그러나 능력이 뒷받침되지 않는다면 달성하기 어렵다. 결국 번아웃되어 이후로는 지속적으로 미루기 하려는 습관을 갖게 된다.

(3) 에너지관리: 의지력만으론 부족하다. 체력과 멘탈이 뒷받침되어야 추진력이 생긴다. 간단한 예를 들어 보자. 여러분은 활기가 넘칠 때와 없을 때 중 언제 미루기를 더 많이 하는가? 굳이 여러 사례들을 찾지 않아도 우리 스스로의 경험을 통해 직관적으로 객관적으로 안다. 에너지는 배터리다. 배터리가 충전이 덜 되어 있으면 그만큼 앞으로 나아가기 어렵다. 여러분들 중 일부는 시간관리에 대한 책에서 왜 에너지 관리에 대한 부분이 있는지 궁금증이 있을 것이다. 단순히 설명해 보겠다. 1분을 보내도 그 1분을 활력 있게 보내는 사람이 있고, 그렇지 않은 사람이 있다. 결국 퀄리티를 높이기 위해선 우리의 에너지 레벨을 올려야 한다.

시간을 느리게 흘러가게 하는 엄청 간단하면서 효과적인 비법은?

말이 안 되는 질문이라 생각하는가? 그렇지 않다. 필자가 얘기하고자 하는 것은 과학의 일부분이다. 그 비법은 표정에 변화를 주는 것이다. 정확히 말하자면 입을 벌리고 활짝 웃는 것이다. 그럼 어떤 관점에서 이런 웃음이 시간을 느리게 할 수 있는 걸까? 크게 2가지 부분들이 있다.

① 항노화: 장기간 입을 벌리고 활짝 웃으면 동안을 갖게 된다(입을 닫고 웃으면 항노화 효과가 적고 오히려 노안이 되기 쉽다).

구체적으로 볼 입체감 유지와 중력으로 처질 수 있는 중안면(눈과 입 사이 부분)을 탄력 있게 유지하게 해 준다. 시간은 상대적이다. 동안을 원하는가? 노안을 원하는가? 당연히 전자일 것이다. 동안이면 더 젊어 보이고 행동도 그렇게 될 확률이 높다. 한 번뿐인 일생 되도록 젊고 생기 있게 오래 살고 싶은 것이 모든 이의 바람일 것이다. 필자가 얘기하고 싶은 부분은 잘생김과 예쁨을 말하고자 하는 것이 아니다. 인상을 말하고자 하는 것이다. 인상은 그간 누적된 감정의 총합이다. 시간은 상대적인 것이다. 어둡고 미간을 찌푸리며 산다면 노안도 빨리 오고 부정적인 무드가 삶을 지배할 것이다. 같은 시간을 보내도 질이 낮은 시간을 보내는 사람이 있고, 높은 시간을 보내는 사람이 있다. 선택과 책임은 우리 스스로에게 있다. 웃는 건 공짜다! 지금 활짝 웃어 보자~

② 행복한 감정: 표정과 감정은 연결되어 있다. 사실 감정으로 인해 표정이 변화되는 것도 있지만, 반대의 경우도 대다수다. 행복해서 웃는 게 아니라, 웃어서 행복하다는 말이 이미 심리학/의학적으로 밝혀진 논거들이 있다. 1999년 독일의 심리학자 슈트라크 박사는 실험자들을 대상으로 한 그룹은 입술에 볼펜을 물게 하고(우울한 표정 형성), 나머지 그룹은 치아에 물게 했다(웃는 표정 형성). 결론은 억지 웃음(후자)이라도 경험한 것에 대해 긍정적인 평가를 하는 경향이 높다고 한다. 결론은 우리가 보내는 시간을 행복하고 젊게 보내고 싶다면 행복한 일들을 한

없이 기다리지 말고 그냥 웃자.

위에 거론된 애기들은 시간관리의 질적 부분이다. 그러나 항노화와 행복한 감정은 결국 수명 연장과 연관이 있다. 덴마크의 크리스텐선 교수팀이 70세 쌍둥이 1,826쌍의 사진을 의료 관계자에게 보여 준 뒤 몇 살로 보이는지 물어본 후, 수명을 조사해 보니 쌍둥이 중 늙어 보이는 쪽이 실제로 수명이 더 짧은 것으로 밝혀졌다.[30] 미국 보스턴대, 하버드대, 국립 PTSD(외상 후 스트레스 장애) 센터 과학자들이 여성 6만 9,744명, 남성 1,429명 대상으로 실시한 실험 결과에 의하면 가장 낙천적인 여성은 평균 수명보다 14.9% 수명이 더 길고, 가장 낙천적인 남성들은 10.9% 길었다. 결국 질적 지표들이 양적 지표까지 영향을 준다.[31] 수명이 증가한다는 것은 우리의 가장 소중한 자원 중 하나인 시간이 더 증가한다는 의미다. 밑져야 본전이다. 활짝 웃어 보자.

(4) 미루기 관련 베스트셀러 저자이자 캘거리 대학의 교수 피어스 스틸 Pier Steel은 미루기의 원인에 대해 다음과 같은 공식을 만들었다.

동기 부여 = (기댓값 * 가치) / (충동성 * 미루기)[32]

* 기댓값: 일이 성취될 확률
* 가치: 일이 성취될 시의 보상

* 충동성: 충동적으로 무언가를 실행하려는 정도
* 미루기: 데드라인까지 많이 남을수록 미루려는 경향

분자 관점에서 얘기하면, 우리는 성취될 확률과 보상이 높은 것에 동기 부여가 생긴다. 예를 들어 눈앞에 사탕이 있다면 그걸 먹을 확률과 보상(달콤함)은 높고 확실하다. 반면 취업을 위한 6개월 뒤의 토플 시험은 고득점을 받을 확률과 보상(고득점이 반드시 취업을 보장하진 않음)이 전자 대비 낮다.

분모 관점에선, 충동적인 사람이 있고 인내하는 사람이 따로 있다. 충동적일수록 현상을 널리 길게 보지 못하고 눈앞에 있는 것을 보는 경향이 있다. 결과적으로 중요한 일이 있다 해도 일을 끝마치기보단 눈앞에 있는 당장의 이익을 좇는 경향이 있다. 담배, 도박, 쇼핑 등이 있다. 반면 인내하는 사람은 장기적 이익을 위해 단기적 손실을 감수한다. 당장 재미없고 힘들더라도 나중의 열매를 위해 일을 미루지 않고 끝까지 완성하고 만다. 미루기 관련해선, 우리 대부분 누구나 데드라인이 가까울수록 일을 끝마치려는 동기가 강해지고, 멀수록 약해진다. 피어스 교수는 미루기가 더 즉각적으로 실현할 수 있는 것들을 선호하는 대뇌 변연계가 전두엽을 거부할 때 발생한다고 말한다.[33] 참고로 대뇌 변연계는 감각, 직관 등 빠르고 거의 자동적인 반응을 관할하는 부분이며, 전두엽은 계산, 합리 등 전자 대비 느리지만 이성적인 판단을 관할하는 부분이다. 전자는 태어날 때부터 있지만, 후자는 성장하면서 점차 발달하는 것이다.

결국 미루는 사람은 뇌의 원시적인 부분이 이성적인 부분을 더 지배하는 경향이 있다. 재밌는 결과이다. 그러나 필자는 공감할 수밖에 없다. 예컨대 모든 날을 계획적으로 보낼 순 없다. 어떤 날은 구렁텅이에 빠진 마냥, 오전에 잠깐 시작한 휴대폰이나 게임이 걷잡을 수 없이 지속되어 밤까지 한 경험들이 우리 대부분 있을 것이다. 필자의 경험이기도 하다. 이런 날의 특징은 휴대폰이나 게임을 밤늦게 끝내더라도 마음이 초조하고 진득하게 어떤 일을 진행하기 어려운 점이 있다. 그땐 필자의 뇌 속에 대뇌 변연계가 전두엽을 지배할 때이다. 평소보다 충동적이고 즉흥적으로 변한다. 결과적으론 당일 해야 했던 일을 먼 미래로 미루기까지 한다. 이 점을 안 이후, 필자는 저녁 이전에 휴대폰(시간 때우기)이나 게임을 되도록 하지 않으려 노력한다. 잡는 순간 시간관리, 에너지관리고 뭐고 없다. 그냥 모든 걸 망각하고 하루를 헛되이 날리기 때문이다.

미루지 않고 일을 그때그때 처리하고 싶은가? 위의 공식을 메모지에 적어 잘 보이는 곳에 붙여 주자. 무언가를 할 때 아무 생각 없이 진행하지 않고, 그 일을 성취할 확률, 보상, 본인의 충동성 정도, 데드라인까지의 남은 일수 4가지 요소들을 종합적으로 파악하고 동기 부여를 높이기 위해 무엇을 할 수 있을지 노트에 써 내려가 보자. 예를 들어 이 일을 성취할 때의 보상을 상상해 보고 써 봄으로써 강조하는 것이다. 다른 예로 데드라인까지 많이 남았을 때 그 데드라인을 여러 개로 쪼개서 오늘 당장 완성해야 할 일들을 써 보도록 하자.

2) 완벽주의: 어설픈 완벽주의

우리 모두 새해 목표는 웅장하다. 그러나 연말에 돌이켜 보면 초라하다. 왜냐하면 이룬 게 없기 때문이다. 이런 패턴이 거의 매년 반복된다. 마치 결말을 아는 영화를 여러 번 돌려보는 것과 같다. 그 원인의 중심에는 완벽주의가 있다. 정확하게 얘기하면 어설픈 완벽주의다. 우리 모두는 시작할 때 완벽하게 목표를 이루고자 한다. 그 난이도는 현실의 본인의 능력 대비 높게 설정되어 있다. 그렇지만 목표 설정 당시의 멘탈은 1년이 아닌 1개월 이내 성취할 것처럼 단단히 무장되어 있다. 그러나 우린 안다. 우리의 능력과 멘탈은 범인에 속한다는 걸 말이다.

우리는 완벽주의의 위험성을 알아야 한다. 이는 우리가 일을 진행함에 있어 시작도 제대로 못 하게 할 만큼 독 같은 존재다. 목표가 높을수록 좌절하기 쉽다. 목표는 낮아야 한다. 높이는 건 나중에 해도 된다. 시간관리의 경우도 완벽주의의 희생양이다.

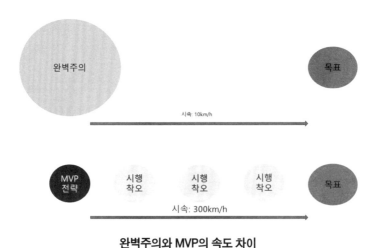

완벽주의와 MVP의 속도 차이

기업 경영 방법 중 MVP란 개념이 있다. 신규 프로젝트를 진행할 때 완벽하게 준비하기보다 최소한의 준비물을 갖고 빠르게 시장 테스트를 하고 문제가 있다면 그때그때 빠르게 개선하는 방법을 의미한다. 페이스북, 드랍박스, 디디추싱 등 대다수의 세계적인 서비스는 MVP를 기반으로 성장했다. 정리하면 대기업처럼 무겁고 정밀하게 시작한 게 아닌 최소한의 자본으로 빠르게 서비스의 품질을 개선해 나가며 시작했다. 완벽주의자는 MVP를 시도하지 못한다. 왜냐하면 불완전한 시작 자체가 마음에 들지 않기 때문이다. 우리가 목표는 커도 제대로 시작도 못 하고 흐지부지 끝나는 이유가 바로 이거다. 불완전한 시작이 불편하기 때문이다. 언제까지 생각만 위대하고 제대로 뭔가를 끝내지도 못할 것인가? 어설픈 완벽주의에서 탈피해 행동하는 사람이 되자. 시간관리 관점에서 생각은 가치를 개념화하고 행동은 가치를 생산한다. 개념화된 가치를 생산하지 못한다면 시간 낭비다.

3) 시간관리 중요성 미인지

뭐든지 중요하다고 여기지 않는 건 우리의 우선순위에서 밀려나 있다. 시간관리도 마찬가지다. 결국 중요하다고 생각하지 않거나 중요성을 미인지해서 시간관리에 소홀하게 되는 거다. 그러나 여러분은 대중과 다르다. 최소한 시간관리 중요성을 인지하고 있기 때문이다. 필자는 과거 오랫동안 스스로 집중력이 뛰어나다고 착각했다. 어떤 상황 속에서도 빠르게 집중하고 효율적으로 처리하는 줄 알았다. 그러니 시간관리가 필자에게 필요한 스킬이라 생각하지 못했던 것이다. 사실은 집중력이 뛰어나지도 않았고, 착각으로 인해 쉽게 피로감이 쌓였었다. 스트레스와 회복 개

넘 없이 불규칙적으로 스트레스(일 등)를 받고, 피로가 쌓이면 당연한 결과물인 줄 알았다. 일찍 자면 뭔가 시간이 아까웠다. 그렇다고 늦은 밤 효율적인 활동을 하는 것도 아니었다.

정리하면 과거에는 시간관리의 개념도 몰랐고, 필자의 능력을 과신했다. 그런데 어찌 보면 다들 그렇게 산다. 왜냐하면 시간관리를 학교나 회사에서 가르쳐 주는 것도 아니고, 주변에 시간관리 마스터들이 많은 것도 아니다. 운이 좋아 스스로 터득하든, 중요성을 자각한 후 공부를 하든 시간관리 중요성을 계속 인지하긴 사실 어렵다.

시간관리 장애물

최고의 인생을 지향한다면 그것을 방해하는 세력이 무엇인지 인지해야 한다. 가장 대표적인 것이 게으름이다. 이는 선천적이다. 필자가 장담컨대 게으름은 절대 평생 완치 못 한다. 우리 유전자 자체가 편안함을 추구하고 다른 말로는 우리는 원래 게으르기 때문이다. 게으름은 정복 못 한다. 방심하는 순간 게으름이 우릴 지배할 것이다. 미래의 목표와 당장의 편안함 중에 우리는 고민의 여지 없이 후자를 택한다. 이런 관점에선 시간관리는 수련이다. 불완전한 자기 자신에 대한 끝없는 실패와 진전이 필요하다.

왜 이렇게 우린 게으른가는 올바른 질문이 아니다. 올바른 질문은 얼마큼 스스로의 게으름을 인정하고 당장의 행동 계획을 어떻게 세울까이다. 결과적으로 통상 세상은 게으름을 이겨 낸 자들에 의해 지배된다. 우리가 그들만큼 부지런하지 않으면서 그들만큼의 부와 지위를 원한다는 건 사기다.

잘못된 시간관리 습관

최고와 최악의 인생을 만드는 주체는 우리 자신 안에 있다. 남 탓하지 말자. 잘못된 시간관리 습관은 우리 스스로 만든 것이다. 최고의 인생을 당장 달성하기 어렵지만 최소한 최고의 방향으로 오늘부터라도 점차 다가갈 수 있다. 미국의 생산성연구소 회장 닥터 도널드 웨트모어Dr. Donald E. Wetmore는 시간관리에 대한 깜짝 놀랄 만한 정보 및 통계를 종합했으며, 그중 일부를 다음과 같이 공유한다.[34]

- 근무 시간의 20%만이 핵심적이고 중요한 일들에 사용되는 반면 80% 는 가치가 적거나 거의 없는 것에 사용된다
- 근무자는 일 평균 190개의 메시지를 주고받는다(*필자 주: 그중 몇 % 가 정말 의미 있는 것일까?)
- 매일 1시간 특정 주제에 대해 공부한다면 3~5년 뒤 전문가가 될 수 있다
- 미국인은 주 평균 28시간 TV를 시청한다(*필자 주: 하루 4시간이라는 의미이다. 3시간만 보고 1시간은 특정 주제에 대해 공부해 보는 건 어 떨까?)
- 우리가 발생할 것이라고 두려워하는 것의 95%는 발생하지 않는다(*필

자 주: 감정 소모에 따른 시간/에너지 낭비는 엄청나다. 하루 종일 기분이 언짢기 때문이다.)

고민의 유효기간

살면서 고민 없는 사람은 없다. 누구나 하나쯤은 있다. 문제는 똑같은 고민을 필요 이상으로 오랫동안 갖고 있을 때다. 취준생은 취직을, 노처녀/노총각은 결혼을, 직장인은 승진/창업을, 노인들은 노후를 고민한다. 고민은 육체적/정신적 에너지를 뺏는 행위다. 자세히 살펴보면 고민거리가 많은 사람들이 새치, 탈모, 비만 확률이 더 높다고 한다. 물론 필자도 고민이 있다.

고민을 어떻게 해결할지 생각해 보자. 그러나 대부분 해결되지 않으니 고민을 하는 거다. 필자는 관련하여 고민의 유효기간을 둬야 한다고 생각한다. 최대 1주, 2주 등 기간을 정해 보자. 솔직히 우리 모두가 오랫동안 고민해서 풀린 문제가 하나라도 있는가? 고민의 해결 및 해소는 예상치 못한 곳에서 나온다. 자꾸 고민하다 보면 해야 할 일들을 놓치고 에너지가 감소한다. 결국 시간 낭비다.

경험론적으로 필요 이상의 고민은 가치가 없다. 예를 들어 앞으로 어떻게 살 것인가, 어떤 아이템을 개발할 것인가 고민하고 답은 안 나온다. 그럴 땐 유효기간까지 고민해 보고 답이 안 나오면 손에 잡

히는 일들에 집중해 보자. 솔직히 현재 하고 있는 일의 최고치를 찍지도 못하고 이거 했다 저거 했다 시간을 보내는 것보다 하나만 이라도 제대로 하는 게 답이다. 예전에 필자의 지인과 어떻게 자신이 좋아하는 일을 찾고 그 일을 갖고 창업 및 자기계발을 할 것인지 얘기한 적이 있다. 그의 얘기는 신선하고 충격적이었다. 죽을 때까지 자신이 좋아하는 일을 못 찾을 수도 있거나 애초에 좋아하는 일이 없을 수도 있다는 얘기다.

고민해 봤자 바뀌는 건 아무것도 없다. 차라리 고민보다 행동을 하자. 일종의 실험을 하는 거다. 고민 주제를 갖고 실험해 보아서 아웃풋이 나올 것이다. 그 아웃풋을 갖고 더 고민할 만한지 아닌지 판단해 보자. 더이상 고민의 늪에서 우리의 시간과 에너지를 낭비하지 말자. 이미 충분히 많이 낭비했으니 말이다.

그냥 보내는 시간과 시간관리하는 것의 차이

사실 우리 대부분은 그냥 시간을 보낸다. 기본적으로 그동안 살아왔던 습관과 주변 사람들을 참조하여 남들이 하는 만큼만 관리한다. 필자도 예외는 아니다. 속된 말로 정신줄 놓는 순간 시간관리고 뭐가 없다. 필자도 그냥 시간을 보내게 된다. 그럼 어떤 핵심적 차이가 있을까? 정답은 누구나 안다. 시간관리하는 것이 장기적으로 가치 있다는 것을 말이다. 필자는 그 차이를 도표화하여 여러분들에게 좀 더 와닿게 그 차이를 보여 주고자 한다.

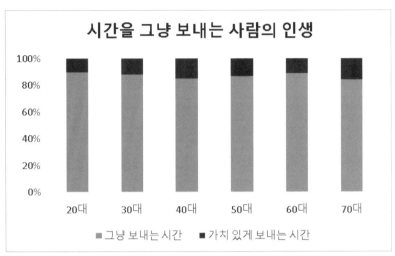

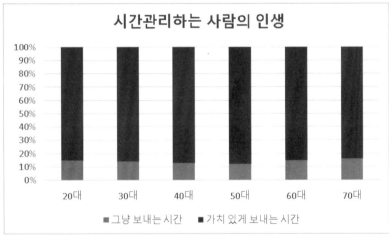

위 표는 20~70대 그냥 보내는 시간과 가치 있게 보내는 시간의 분포이다. 사람은 생각보다 변하지 않는다. 엄청난 충격적 사건이 있거나 계몽의 계기가 있지 않는 한, 오늘의 분포가 인생의 분포이다. 위 표에서도 비중이 항상 동일하진 않다. 연령대에 따라 변동 폭은 있지만, 평균적으론 비슷하다. 여러분의 인생은 어디에 속하는가? 왼쪽 표인가 오른쪽 표인가? 혹은 중간인가? 오늘도 늦지 않다. 인생의 시간관리 분포를 바꿀 기회를 말이다. 이 책을 읽고 있다는 것만으로도 앞으로 여러분의 인생이 오른쪽으로 갈 가능성은 어제보단 최소한 1% 증가했다. 이제 책에 나온 내용을 토대로 지속적인 노력을 통해 우리의 인생을 아래 표로 만들어 보자. 이론은 쉽다. 실전은 어렵다. 여러분의 선택이다. 분투를 통해 우리의 인생을 다음과 같은 표로 혹은 그것보다 더 멋있게 만들어 보자!

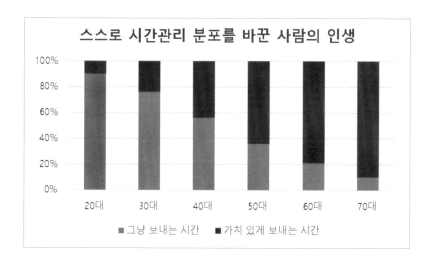

스스로 시간관리 분포를 바꾼 사람의 인생

■그냥 보내는 시간 ■가치 있게 보내는 시간

왜 시간관리는 중요한가?

왜 시간관리는 중요할까? 필자는 이 질문에 관해 오랫동안 고민해 봤다. 시간관리를 위한 시간관리는 의미 없다. 결국 3가지 키워드를 다음과 같이 추출했다.

1) 자유

무의미하게 보내는 시간이 많을수록, 자유 시간은 줄어든다. 혹자는 무의미하게 보내는 시간도 자유에 속하지 않을까라고 물을 수 있다. 그렇지 않다. 자유는 삶의 확장성을 지향한다. 예를 들어, 여러분의 꿈이 세계여행을 하는 것이라면, 좀 더 넓은 세상을 볼 수 있다. 결과적으로 기존의 삶 대비 생각과 행동 반경이 훨씬 넓어질 것이다. 반면, 무의미하게 보내는 시간은 삶의 확장성이 없다. 주말에 빈둥빈둥 딱히 하는 일 없이 각종 SNS와 동영상을 시청을 통해 삶이 확장될까? 없다. 그냥 시간을 보내는 것이다. 큰 그림에서 볼 때, 우리는 자유시간을 늘려야 한다. 이게 우리 삶을 확장하는 방법이다. 삶은 확장할수록 다채로워진다.

그럼 어떻게 해야 자유 시간을 늘릴 수 있을까?

(1) 무의미한 시간 줄이기

건강하게 살기 위해선 우선 건강에 안 좋은 것부터 끊어야 한다. 담배, 술 등이 있다. 시간관리도 마찬가지다. 무의미한 시간을 먼저 줄이는 것에 집중하자. 과도한 인터넷 사용, TV 시청 등이 있다. 인간의 의지력은 훈련을 통해 증가하는 것이다. 그런 관점에서 우리의 의지력은 약하다. 이론적으론 인터넷, TV 사용 시간을 점진적으로 줄일 수 있다고 생각하겠지만, 실제론 거의 불가능하다. 10명 중에 3명 이하만 성공할 것이다. 필자가 관련하여 자주 사용하는 앱이 있다. 인터넷 및 휴대폰 사용 시간을 강제적으로 제한하는 앱이다. 「5. 최고의 내가 되기 위한 방법: 시간관리 실전 편」에서 해당 앱의 명칭 및 사용방법을 공유하겠다.

(2) 노동자에서 자본가로 탈바꿈

노동자는 자신의 시간을 팔아 수익을 만든다. 자본가는 시스템 및 자본을 팔아 수익을 만든다. 노동자는 복리효과를 누릴 수 없다. 철저히 시간당 얼마로 계산한다. 자본가는 복리효과를 누릴 수 있다. 옳은 방향이라면 시간이 흐를수록 자본은 기하급수적으로 증가한다. 자유시간을 늘리려면 결국엔 자본가가 돼야 한다. 100% 자본가가 어렵다면 거의 절반이라두 자본가가 돼야 한다. 예컨대 월급쟁이와 월세를 받는 집주인이 조합이다. 그러나 필자도 안다. 노동자에서 자본가로 탈바꿈할 확률은 높지 않다. 그렇지만 우리가 정말 자유를 원한다면 결국 우리는 자본가가 돼야 한다. 이 점을 잊지 말자.

창업 or 회사를 결정하는 아주 핵심적인 기준

보통 30대가 넘으면 창업에 대한 관심이 증폭한다. 각종 매체에서 들려오는 20~30대의 창업 성공 사례, 벤처기업 거액 투자 유치 사례 등 본인도 가능하지 않을까라는 생각을 하게 된다. 시간이 흐를수록 위험 부담(자녀 대학 진학, 부모 부양 등)이 증가하여 창업을 하고 싶어도 하기 어려운 환경이 된다. 그래서 창업에 대한 고민이 많은 시점이 30대다. 그러나 현실은 차갑다. 사실 통계적으로 성공하는 케이스는 극히 드물다. 생존하는 것도 결코 쉽지 않다. 국내 통계청 데이터 의거, 2007년 신생 업체는 약 84만 개 업체이며, 그중 5년 뒤 생존율은 30.9%에 불과하다. 35 나머지 70%가량은 폐업했다. 물론 성공할 시의 보상은 어마하다. 애니팡, 카카오, 넷마블등 창업자는 수천억 원에서 수조 원까지 엄청난 금액을 벌어들였다. 그럼 창업과 회사라는 기로를 의사 결정하는 핵심적인 기준은 뭐가 있을까?

필자의 생각은 명확하다. '회사 다닐 때보다 3년 내 최소 2배 이상 벌 수 있는가'이다. 3년인 이유는 회사가 창업하고 바로 돈을 벌긴힘들다. 최소한 3년 정도의 기간을 갖고 지켜봐야 수익이 날 수 있

는지 아닌지 판단할 수 있다. 그런데 3년이 지나도 2배 이상은커녕 돈벌이가 되지 않는다면 사실 그때부턴 죽음의 계곡의 시작이라 봐야 한다. 창업은 결국 높은 보상을 위해 시작하는 거다. 그런데 3년이 지나도 회사 다닐 때보다 2배 이상을 벌기 힘들다면 진지하게 회사로 돌아갈지 고민해 봐야 한다.

또 다른 부가적 기준으론 창업 아이템의 평균 단가와 판매량을 계산해 보는 거다. 예를 들어 화장품 브랜드를 창업했고 평균 단가가 1만 원, 순이익은 3천 원이라고 하자(통상 화장품의 경우 매출이익률이 높지만, 마케팅 등으로 초기엔 이익률이 높기 어렵다. 오히려 30%의 순이익률은 과대한 수치일 수 있다). 그럼 3천 원이 남는 물건을 1년에 몇 개 팔아야 순이익으로 5천만 원을 벌까? 아래 계산식을 참조하자.

50,000,000 / 3,000 = 16,667
* 1년에 최소 16,667개를 팔아야 5천만 원 순이익으로 번다.
* 이는 약 매월 1,389개, 하루 46개를 의미한다.

아무 인지도 없는 화장품 브랜드를 하루에 46개 판다는 게 쉬울까? 엄청 어려운 일이다. 그런데 필자의 기준으론 회사 다닐 때보다 2배 이상을 벌어야 하니, 하루에 최소 92개를 팔아야 한다. 난이도가 2배가 된다. 그러나 모종의 이유로 대박이 나서 연 100만 개가 팔렸다고 보자.

$$3,000 \times 1,000,000 = 3,000,000,000$$

* 30억 원을 순이익으로 벌 수 있다.
* 물론 이런 케이스는 극히 드물다. 명심하자. 신문과 인터넷 속의
  사례들은 극소수이기 때문에 관심받는다.

결국 창업을 통해 특정 시간당 벌 수 있는 금액이 회사 다닐 때보다 2배 이상을 벌어야 창업을 추천한다. 창업에선 꿈이 전부가 아니다. 현실을 직시해야 한다. 우리의 소중한 시간을 꿈을 위해 계속 결과 없이 사용할 순 없다. 시간관리 측면에선 매몰비용이 증가하는 것이다. 그래서 시간과 숫자 관점에서 창업의 현실성을 잘 점검해 봐야 한다.

2) 밸런스

현대인들은 밸런스의 중요성을 망각한다. 일만 하는 것이 덕목이라 생각한다. 며칠 연속 야근하는 것이 명예인 것처럼 사회는 무너진 밸런스를 장려한다. 그러나 결국 행복을 위해 일하는 것이다. 일, 취미, 가정, 건강 모두 밸런스를 맞추는 게 중요하다. 다른 누구를 위해서가 아닌 본인의 행복을 위해서 중요하다. 밸런스란 말은 결국 각각의 요소에 얼마만큼의 시간을 분배하고 얼마나 집중하는가에 달려 있다. 시간관리 스킬이 부

족하다면 밸런스 맞추는 법을 모를 것이다. 그저 그때그때 임시방편적으로 시간을 수동적으로 보내게 될 것이다. 생각해 보자. 여러분은 여러분의 삶이 일에만 치중된 삶을 원하는지, 균형 있는 삶을 원하는지 말이다. 답은 명료하다. 우리는 밸런스 있는 삶을 원한다. 그러므로 시간관리 스킬을 익혀야 한다.

3) 건강

여기서 의미하는 건강은 육체적 건강만이 아닌 정신적 건강도 의미한다. 밸런스 부분에서 건강에 대해 부분적으로 다뤘지만, 건강은 다시 한 번 더 강조할 만큼 중요하다. 필자가 생각하는 육체적 건강과 정신적 건강의 중요성은 비율로 보면 1:1이다. 그 어떤 것도 더 중요하지도 덜 중요하지도 않다. 똑같이 중요하다. 인생을 현명하게 사는 것, 원하는 대로 사는 것의 기초에는 건강이 있다. 건강이 무너지면 모든 게 무너진다. 그러니 24시간 속에 매일 몇십 분이라도 건강에 투자해야 한다. 1시간이라고 얘기하지 않았다. 몇십 분이라 얘기했다. 그만큼 적더라도 매일 하는 게 의미가 크다. 그러나 혹자는 건강이란 단어를 헬스, 요가와 연관시키는 경향이 있다. 그러나 건강을 좀 더 세부적으로 쪼개 보면 다음과 같다. 정리하면 시간관리가 중요한 이유 중 하나가 건강을 위해서다. 건강한 삶을 살아야 만족도 높은 삶을 살 수 있다. 결국 건강을 위해선 시간관리가 필요하다. 시간관리와 건강 두 개 모두 잘해야 괜찮은 삶을 살 수 있다.

건강의 종류

(1) 육체적 건강

- 운동: 모든 것의 기초에 운동이 있다. 운동을 하지 않으면 체력이 떨어진다. 결국 우리가 하고자 하는 일들을 못 하고, 더불어 시간 관리 또한 요원한 일이 된다. 운동은 하루에 1분이라도 하는 게 가끔 불규칙적으로 하는 것보다 훨씬 낫다.

- 음식: 좋은 음식은 좋은 에너지를 준다. 나쁜 음식은 나쁜 에너지를 준다. 우리가 따로 공부하지 않아도 어떤 게 좋은 음식인지 나쁜 음식인지 판별할 수 있다. 대체로 고열량, 고탄순화물, 고당 등이 나쁜 음식의 대체적인 예이다. 인스턴트 음식이 대표적인 예다. 반면 좋은 음식은 인기가 없다. 맛이 자극적이지 않고 맛있지 않기 때문이다. 필자는 양배추, 브로콜리, 고구마, 낫토, 아로니아, 토마토, 아마씨드 등의 좋은 음식을 좋아한다. 확실히 다르다. 좋은 음식을 섭취할 땐 하루가 에너지가 넘치는 기분이다. 반면 나쁜 음식은 먹으면 졸리고, 집중력이 떨어진다.

- 스트레칭: 운동과는 다르다. 다른 더 와닿는 표현으론 이완이다. 몸의 긴장을 풀어 주는 행위이다. 이미 여러 의학적 근거를 토대로 스트레칭의 효과는 알려져 있다. 염증 방지, 스트레스 완화, 에너지 충전 등 다양한 이점들을 갖고 있다. 스트레칭은 1분만 해도 효과가 있다. 사무실, 거실, 실외 어디서든 할 수 있는 동작들이 많다. 자세한 건 인터넷에서 검색해 보면 관련 유용한 자세들이 나온다.

100조 원 이상의 기업 창업자의 시간관리 비밀은?

2020년 최근 들어 IT 업계에 글로벌 돌풍을 일으키는 중국 업체가 있다. '틱톡'이다. 중국어론 더우인(抖音)이라는 별도의 앱을 중국에서 운영한다. 유튜브를 위협할 만큼 빠르게 성장 중에 있다. 투자금도 7조 원 이상을 유치할 만큼 엄청난 성장세와 각광을 받는 업체이다. 그럼 이런 거대한 유니콘 업체의 창업자는 어떻게 시간관리를 할까?

짱이밍(창업자)은 웨이보 등을 통해 그의 시간관리에 대한 생각과 노하우를 공유한 바 있다.[36]

- 기록: 그는 매주 어떤 업무에 얼마큼 시간을 할애했는지 분석하고 복기한다. 예를 들어 채용, 영어 공부 등에 얼마큼 시간을 할애했고, 어떤 부분을 좀 더 개선할 수 있는지 복기한다.
- Stick to truth, stick to target: 그의 웨이보에 적혀 있는 말이다. 진실에 집중하고, 목표에 집중하자는 의미이다. 그는 시간관리에 있어서 항상 잘할 수 없기에 못할 시에는 자신의 부족함과 타성을 인정한다. 이것이 Stick to truth이다. 휴가를 보내기 전 어떻게 시간을 보낼지 고민하고, 통상 결과적으론 일에 관련된 것에 시간을 할애한다. 그는 "다른 사람들이 느슨해질 때, 우리는 열심히 하고, 다른 사람들이 시간을 헛되이 보낼 때 우리는 공부를 한다."

라는 말을 했다. 이것이 Stick to target이다.

- 핵심은 3개를 넘지 않는다: 그는 무언가를 기획하고 실행할 때, 핵심을 짚으려 노력한다. 그는 핵심적인 것은 3개를 넘지 않는다고 생각한다. 지금 이 상황에서 가장 중요한 3가지가 무엇이고, 가장 중요하지 않은 3가지가 무엇인지 생각한다. 결과적으로 유한한 시간을 최적화하여 사용한다.

(2) 정신적 건강

- 명상: 명상의 효과는 동서양을 불문하고 이미 입증됐다. 한마디로 멘탈 운동이다. 평소에 다양한 정보들이 필터링 없이 우리 뇌 속으로 들어온다. 이들을 걸러 주고 진실과 현재에 집중하게 하는 게 명상의 힘이다. 스트레칭처럼 명상도 장소 불문하고 할 수 있다. 심지어 화장실 안에서도 할 수 있는 게 명상이다. 긴 시간도 필요 없다. 1분도 가능하다. 필자는 매일 아침 기상 후 30분가량 명상을 시행한다. 자세한 건 「4. 어떻게 시간관리를 해야 하나?」에서 공유하겠다.

- 마인드셋: 시간관리 마인드셋이 필요하다. 지금 내가 현재 하고 있는 일이 무엇이고, 이게 인생에 있어서 얼마나 득이 되는 것인지 생각하는 습관을 길들여야 한다. 어떤 마음 가짐을 갖고 살아가느냐에 따라 우리의 행동과 인생이 달라진다. 우리의 마인드셋은 어떠한지 스스로에게 질문해 보자.

- 수면: 에너지 레벨이 높기 위해선 양질의 수면을 취해야 한다. 그렇지 않다면 깨어 있을 때 아무리 여러 가지 일을 처리한다 해도 효율은 낮다. 기본적으로 건강한 삶을 살려면 일찍 자고 일찍 일어나야 한다. 자세한 팁들은 「4. 어떻게 시간관리를 해야 하나?」에서 공유하겠다.

성공한 사람들의 시간관리 습관

아래는 성공한 사람들이 알고 있는 시간관리에 관한 15가지 비밀의 저자 케빈 크루소가 억만장자를 포함한 사회 각층의 성공한 사람들과 시간관리에 관한 인터뷰를 한 내용을 참조했다.[37]

네이선 블레차르지크 *Nathan Blecharczyk*
(세계 최대 숙박 공유 서비스 '에어비앤비'의 공동창업자)

일정을 정할 때 거꾸로 정한다고 한다. 보통 아침 스케줄부터 채우는데 그는 늦오후부터 아침까지 이런 식으로 스케줄을 정한다. 그 배경은 아침에 진짜 일(real work)를 하기 위해서다. 되도록이면 오전에는 미팅 등을 잡지 않는다.

마크 핀커스 *Mark Pincus*
(글로벌 소셜게임 '징가' 창업자)

정말 훌륭한 제품을 만들고 싶다면, 일 시간의 50% 이상을 제품에 헌신하라고 말한다. 심지어 유저나 회사에 도움이 되지 않는다면 누군가에게 말할 기회도 주지 않는다고 한다.

섀넌 밀러*Shannon Miller*

(미국 최다 수상 체조 선수 중 한 명)

가족, 집안일, 숙제, 올림픽 훈련 등에 있어 우선순위를 명확히 설정한다고 한다. 예를 들어 7:00~8:00, 15:30~20:30은 훈련, 8:00~14:30은 학교 등이 있다. 또한 스케줄 적기가 중요하다고 말한다. 그녀는 매 순간이 중요하다고 한다.

---

④

어떻게 시간관리를 해야 하나?
―질문 / 시간 / 목표 / 에너지 / 행동(습관)

1) 질문

- 올바른 질문 습관1: 무엇이 나의 목표인가? / 무엇이 중요한 일인가? /
 나의 에너지 레벨은?

시간관리를 하기 전에 큰 그림을 그려야 한다. 높은 곳에 아래를 내려다
보듯 우리가 왜 시간관리를 해야 하는지, 지금 상태는 어떤지 등 말이다.
이런 관점에서 우리는 가장 먼저 질문을 해야 한다. 질문의 중요성과 질문
잘하는 방법이 궁금하다면 필자의 전작 『질문학개론』을 참조하기 바란다.

그럼 어떤 질문을 해야 할까?

(1) 무엇이 나의 목표인가?

솔직히 목표 없는 사람들 많다. 독자들 중에서도 목표 없는 사람들이 꽤
있을 것이다. 있어도 뚜렷하지 않다. 너무 팩트 폭행인가? 필자도 과거에

그랬기에 이 점에 대해서 잘 알고 있다. 목표는 없는 것보다 있는 게 좋다. 있다면 뚜렷한 게 그렇지 않은 것보다 좋다. 그러나 목표 설정은 생각보다 어렵다. 그럼 시간관리를 하는 데 목표가 왜 중요할까? 목표가 없으면 시간관리의 방향성이 없다. 어디에 힘을 쏟을지 어떻게 쏟을지 전혀 알 수 없다.

일부 독자들은 목표가 당장 없는데 어떻게 해야 하는지 막막할 수 있다. 그럼 어떻게 목표를 설정할까? 그 전에 왜 목표를 정하는 게 어려울까? 너무 완벽한 목표를 설정하려 하기 때문이다. 왠지 A 목표를 향해 달려가면 B 목표 대비 ROI가 나오지 않을 거 같고, 그렇다고 B 목표를 하면 C 목표를 해야 할 거 같은 느낌이 든다. 자 그럼 이렇게 생각해 보자. 완벽하지 않더라도 일단 목표를 정해 보자. 그리고 1~3개월 일단 해 보고 더 할지 정해 보자. 혹자는 1~3개월 시간 낭비하는 게 아닌지 의구심을 들 수 있다.

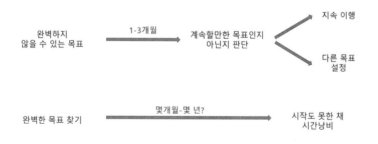

위 그림을 참조해 보자. 솔직히 우린 어떤 게 완벽한 목표인지 모른다. 그냥 이 목표 저 목표를 생각할 때 느낌과 상상으로 판단한다. 일단 해 봐야 그게 완벽한 목표였는지 아닌지 알 수 있지 않을까? 필자는 강력히 추천한다. 일단 1~3개월 스스로의 직관을 믿고 목표를 설정해 보자. 1~3개월 뒤 그게 맞는 목표였으면 계속하고, 아니면 '아니면 말고'의 마인드로 다른 목표를 설정하면 된다. 그게 무의미하게 생각만 하다 시간 낭비하는 것보단 낫다.

(2) 무엇이 중요한 일인가?

목표를 알면 매일 어디에 힘을 둬야 할지 안다. 이 질문을 스스로에게 매일 던져 보자. 무엇이 중요한 일인지 중요하지 않은 일인지 말이다. 시간은 돈보다 더 귀중하다. 돈은 잃을 때도 있고 벌 때도 있다. 시간은 계속 소모되는 소모재다. 더 늘릴 방법이 없는 유한 자원이다. 그러기에 이 귀중한 자원을 가장 중요한 곳부터 쓰자. 투자에 비유하면 가진 돈을 주식, 채권, 예금, 원자재, 외환 중 어디에 분배할지 고민하는 것과 비슷하다. 그때 시장 환경과 투자 기회에 따라 유한한 돈을 잘 분배해야 한다. 우리는 무엇이 중요한 일인지 알고 있는가? 오늘 중요한 일을 했는가? 이 질문에 답을 못 했다면 시간관리의 시작 자체가 잘못된 것이다.

자투리 시간을 가장 효율적으로 쓰는 방법

하루에도 몇 시간의 자투리 시간이 나온다. 이 시간을 어떻게 보내느냐는 중요하다. 그러나 구체적으로 어떻게 쓰면 될지 몰라서 못 하는 사람들도 많다. 필자도 그 부류였다. 자투리 시간은 출퇴근,

---

이동시간 등이 있다.

필자는 자투리 시간을 다음과 같이 사용한다.

1) 적극적 관찰: 필자는 관찰이란 없다고 생각한다. 오직 적극적 관찰만이 있을 뿐이다. 적극적 사고가 요구된다. 솔직히 출퇴근 때 아무 생각 없이 시간을 보내는 사람들이 대다수다. 그럼 어떻게 적극적 관찰을 할 것인가?

아침에 관찰 주제를 정하고 하루를 시작한다. 다음 방법론 중 한 개를 선택한다. 예를 들어 오늘의 주제는 갈색이라 해 보자.

사람들의 행동 패턴: 갈색 가방을 멘 사람의 특징은 무엇인가? 저 사람은 어떤 행동 유형을 보이는가? 왜 저 행동을 하고 있는가?

특정 색상과 연관된 물체의 특성: 왜 갈색 옷을 샀을까? 앞으로 옷 디자인을 인공지능이 할까? 갈색 옷을 어떤 방식으로 샀을까?

요새 키워드와 눈 앞에 보이는 키워드 랜덤 연결: 갈색과 스마트폰. 스마트폰의 소재를 나무(갈색)로 할 수 있을까? 핵심 반도체를 제외하면 나머지를 나무로 만들 수 있지 않을까? 그렇게 되면 재생 순환경제에 도움이 되지 않을까?

2) 오디오북/이북: 필자는 항상 책을 여러 권 읽고 있다. 종이책도 읽고 오디오북/이북도 본다. 문어발식으로 4~5권을 동시에 읽고 있

다. 물론 효율이 떨어질 수 있지만, 한 권만 읽으면 지루해서 독서가 유지되지 않아 찾은 방법이다. 외부에서는 스마트폰 및 이북으로 책을 읽기 때문에 짧은 시간이지만 몇 줄이라도 읽을 수 있다. 특히 논픽션의 경우 사실 위주로 서술되어 있기에, 지하철을 탈 때마다 지식들이 늘어나는 구조이다.

3) 눈 감고 심호흡: 지하철에서 스마트폰 보지 않는 사람이 거의 없다. 스마트폰은 장소를 불문하고 우리의 시간을 뺏어간다. 필자는 지하철, 사무실, 택시 등에서 5분 동안 눈을 감고 심호흡을 한다. 이건 이미 과학적으로도 심호흡의 효능은 여러 논문들을 통해 검증되었다. 수많은 신호를 차단하고 오직 호흡에만 집중하여 몸과 정신을 이완하는 상태를 만든다. 특히 장기간 스마트폰 및 PC 사용 후 잠깐 동안 눈 감고 심호흡을 한다면 눈을 떴을 때 눈이 상쾌해지는 느낌이 들 것이다. 어렵게 설명할 필요도 없이, 장기간 시각 정보들을 처리하던 눈에게 5분이라는 재충전의 시간을 주기 때문이다. 5분이 길다면 3분이라도 좋다. 혹사할 것인지 더 나은 퍼포먼스를 위해 잠깐 재충전의 시간을 가질 것인지 여러분의 선택이다.

(3) 나의 에너지 레벨은?

많은 자기계발서가 간과하는 부분이다. 에너지 레벨은 엄청나게 중요하다. 사실 우리는 각자의 에너지 레벨을 느낄 수 있다. 이는 육체적, 정신적 레벨을 모두 포함한다(사실 두 개는 연결되어 있다). 과거보다 의자에

앉는 시간, 인스턴트 음식 섭취량, 스마트폰 등의 전자기기 시청 시간이 폭발적으로 증가하면서 의료기술과 발달과 함께 건강 지수는 아이러니하게도 나빠지고 있다. 기본적으로 에너지 레벨이 낮으면 시간관리가 되질 않는다. 게을러지기 쉽고, 쉽게 목표 달성을 포기하기 때문이다.

에너지 레벨이 넘치면 건강, 집중력, 끈기, 창의력 등 무수히 많은 긍정적 효과가 있다는 건 이미 여러 연구 및 실험 등에서 밝혀진 바가 있다. 필자가 에너지 레벨에 관심 있는 것은 과거에 에너지 레벨이 장기간 낮았기 때문이다. 선천적으로 에너지 레벨이 낮을 줄 알았다. 원래 쉽게 피로가 쌓이는 타입인 줄 알았던 것이다. 이 피로는 자연히 만성적 무기력증으로 연결됐다. 가끔 운동해도 그때만 좋을 뿐 획기적으로 좋아지진 않았다. 그러던 중 몇 년 전 에너지 관리 컨설턴트 짐 로어Jim Loehr와 토니 슈왈츠 Tony Schwartz의『The Power of Full Engagement』(한국에선『몸과 영혼의 에너지 발전소』란 제목으로 출간)를 읽고 머리 한 대를 세게 맞은 듯 개인적 계몽이 일어났다. 에너지 레벨 향상의 중요성을 절실히 깨달은 것이다. 그 이후로 어떻게 하면 에너지 레벨을 높일 수 있을지 적극적으로 찾아보게 됐다. 지금은 위 책의 표현을 빌리자면 육체적/정신적/감성적/영혼적 측면에서 에너지 레벨이 예전보다 훨씬 높아졌다.

시간관리에 있어서 에너지 레벨은 기초적 기반이다. 공사를 할 때 기반 공사를 제대로 해야 튼튼한 건물이 만들어지듯, 에너지 레벨이 높아야 시간관리도 효과적으로 할 수 있다.

2) 시간관리

- 올바른 시간관리 습관 1: 하지 말아야 할 일 설정

우리는 하고 싶어 하는 일들이 많다. 그러나 절대 모두 다 할 수 없다. 이 사실을 앎에도 불구하고 우리는 많은 일들을 계획한다. 그리고 실패가 반복된다. 오히려 하지 말아야 할 일들을 설정하는 게 더 중요하다. 불필요한 것이 무엇인지 명확히 인지할 때 집중할 대상이 보인다.

- 올바른 시간관리 습관 2: 1개 혹은 2개 하루 목표 설정

이것저것 다 해 보다가 이도 저도 안 될 수 있다는 말이 있다. 목표도 마찬가지다. 사람은 항상 욕심이 앞선다. 계획은 거창하고 행동은 초라하다. 이런 사실을 알고 있음에도 불구하고 쳇바퀴를 돌 듯 우리의 일상은 그렇게 비슷하다. 그럼 과감하게 욕심을 줄여 보면 어떨까? 하나만 잘 해 보자. 하나가 부족하면 두 개를 맥스로 목표를 설정하자. 이는 『Make Time』(전 구글 출신 저자들)이란 시간관리 관련 세계적으로 유명한 책의 핵심 메시지이지도 하다. 오늘의 하이라이트를 설정함으로써 제한된 집중력을 하이라이트에 집중할 수 있다는 것이다. 집중력을 집중하다. 멋진 말이다. 사실 우리의 시간뿐만 아니라 집중력도 제한되어 있다. 결국 집중력도 정신적 및 육체적 에너지이기에 무한할 수 없다. 그 제한된 집중력을 여기저기에 분산하는 것이 아닌 정말 중요한 일에 쏟아야 한다. 그러나 대부분 사람들은 시간이 흘러가는 대로 하루를 살아간다. 이제 관점을 비꿔 생각해 보자. 하루가 시작되면 무엇이 가장 중요한 일인지 생각해 보고, 그것을 완수하는 데 집중하자. 사실 나머지는 인생에 크게 의미

없는 것들이다.

- 올바른 시간관리 습관 3: 25분 단위로 일하기

인간의 집중력과 체력은 한계가 있다. 그래서 일에 의욕을 갖고 일하고 싶어도 장기간은 어렵다. 이 점을 보완한 게 Pomodoro이다. 25분 일하고 5분 쉬는 것을 반복하는 행위이다. 핵심만 말하자면 스프린트처럼 빠르게 달리고 중간에 천천히 걷고 다시 빠르게 달리고 천천히 걷고를 반복한다. 이는 몸의 에너지를 장기간 최대치 소모할 수 있게 하는 과학적 시스템이다.

- 올바른 시간관리 습관 4: 메모 사용하기

인간의 기억력은 휘발성이 높다. 여러 가지 인풋(기억, 정보, 신호 등)들이 있다면, 장기간으로 보면 그중 몇 가지만 남는다. 그렇다고 그 몇 가지가 항상 핵심적인 인풋들이라고 할 순 없다. 시간관리도 마찬가지다. 하루를 시작하면 사실 대부분의 우리는 별 생각이 없다. 어제 살던 대로 사는 경향이 강하다. 계획대로 사는 것보단 살아지는 대로 살아간다. 즉, 주도적이기보다 수동적이다. 시간관리의 의지가 강해도 결과는 다르지 않다. 대략적으로 해야 할 일을 안다. 만약 그 일을 완성하지 못하면 합리화를 시키거나 의도적으로 기억에서 지워 버린다.

인정할 건 인정하자. 인간의 기억력은 취약하다. 그러나 메모는 다르다. 어떤 일을 잊어버려도 메모는 남는다. 일종의 뇌의 확장판이라고 볼 수 있다. 이런 좋은 도구가 있는데 왜 안 쓰는가? 메모 관련 베스트셀러

『메모 습관의 힘』의 저자 신정철은 그의 책에서 "평범한 일상이 기록을 통해 의미 있는 사건으로 탈바꿈한다. 기록은 기억을 가치를 새롭게 한다. 기록하는 사람의 삶에는 버려지는 시간이 적다. 그래서 그들은 같은 시간을 살아도 일반 사람들보다 더 많은 날을 사는 듯한 효과를 누린다."라고 말한다.[38] 메모는 기록뿐만 아니라 시간의 효율적 사용에 도움이 된다. 해야 할 일들을 메모에 적어 보자. 그리고 일과가 끝나면 달성 여부를 체크해 보자. 이것만큼 정확한 시간관리 기법이 있을까?

실제로 자기 영역에서 큰 성공을 거둔 다수의 유명인사들은 메모 습관을 오랫동안 지켜 오고 있다. 다음은 메모 관련 그들의 생각을 정리했다.

리차드 브랜슨 *Richard Branson*
(영국 재벌 '버진' 그룹의 창업자)

매년 다수의 메모첩을 사용하며 저에게 일어난 모든 일들을 적습니다. 적히지 않은 아이디어는 잃어버린 것입니다. 영감이 떠오를 때, 당신은 그걸 잡아야 됩니다.

I go through dozens of notebooks every year and write down everything that occurs to me each day, an idea not written down is an idea lost. When inspiration calls, you've got to capture it.[39]

토마스 에디슨 *Thomas Edison*
(세계적인 발명가)

생전에 500만 장에 달하는 메모를 작성했다고 한다. 그의 집요한 메모

습관이 있기에 전구와 같은 획기적인 발명품이 나온 것이다.

빌 게이츠*Bill Gates*
('마이크로소프트' 창업자)

IT 산업의 최고 오피니언 리더지만 정작 그는 종이로 된 노트와 펜을 자주 사용한다고 한다.

조지 루카스*George Lucas*
(영화 「스타워즈」 감독)

언제 어디서든 메모장을 갖고 다니며 영화 시나리오 등을 작성한다고 한다.

메모와 비슷한 맥락에서 알람의 중요성을 강조하고자 한다. 메모와 알람 모두 우리의 빈틈 넘치는 기억력을 보완하는 도구이다. 알람은 보통 기상 시에 사용하는 게 대다수다. 알람을 요긴하게 사용하는 방법을 아래 설명하겠다. 예컨대 밤 10시 30분부터는 디지털 기기를 멀리하고 싶다고 가정하자. 인간은 자기 합리화의 끝판왕이라 참으로 변명이 많다. 본인 스스로 10시 30분이 지난 걸 알았음에도 본인이 하고 있는 게 재미있다면 무의식/의식적으로 10시 30분이 지난 걸 망각한다. 한참이 지나고서야 '벌써 시간 이렇게 됐네'라며, 이러한 생활을 반복한다. 이때 10시 30분에 알람을 맞춰 두자. 이것보다 강력한 증거는 없다. 우린 소리를 생생하게 들었고, 그 시간 때 무엇을 해야 하는지 알고 있다. 확실히 10시 30분 알람을 설정하기 전과 후를 비교해 보면 후자가 디지털 기기를 사용할 확률이 낮다.

필자의 경우 Pomodoro 휴대용 시계가 있기에 25분~5분 주기로 알람이 울린다.

- 올바른 시간관리 습관 5: 복기하기

우선 복기의 정의부터 알아보자. '복기'란 뭘까? 각국의 다양한 나라에서 복기는 아래와 같이 정의했다. 영어의 경우, replay, review 등 유사 용어가 더 있지만, Postmortem이 복기의 의미를 가장 잘 표현한 것으로 판단한다.

단어	출처	정의
복기	네이버 국어사전	바둑에서, 한 번 두고 난 바둑의 판국을 비평하기 위하여 두었던 대로 다시 처음부터 놓아 봄[40]
Postmortem	Merriam-Webster	사건이 끝난 후의 분석 혹은 논의 An analysis or discussion of an even after it is over[41]
复盘	바이두 사전	기존 방식으로 종료된 게임을 다시 한번 두는 것 按原先的走法，把下完的棋再摆一遍[42]

기본적으로 이미 발생된 일(결과)에 대한 원인을 파악하는 게 복기다. 필자는 복기의 중요성을 사실 몰랐다. 이미 되돌릴 수 없는 일들을 다시 실펴봐야 무슨 의미가 있을까 하는 의구심이 있있다. 그러나 세계직인 싱공 인사들은 복기의 중요성을 누구보다 잘 알고 실천해 왔다.

이창호

(1975-, 프로 바둑기사)

승리한 대국의 복기는 '이기는 습관'을 만들어 주고, 패배한 대국의 복기는 '이기는 준비'를 만들어 준다.[43]

류촨즈

('레노버' 회장)

학습능력이란 책을 통한 학습만이 아니라 꾸준한 복기를 통해 자신을 성장시키는 것까지 포함한다.[44]

그럼 리뷰의 방법은 무엇이 있을까? 무엇보다도 무조건 기록을 남겨야 한다. 기억은 휘발성이 강하기에 기록으로 저장해야 한다. 필자는 엑셀에다 오늘 있었던 일을 복기한다. 주로 복기하는 내용은 아래와 같이 3가지다.

(1) 감사했던 일들

솔직히 감사한 일들이 항상 있을 순 없다. 그럼에도 불구하고 감사한 일들이 있다고 생각하면 절로 있게 된다. 예컨대 숨쉬는 것도 감사한 일 아닌가! 감사함의 중요성은 이미 여러 연구를 통해 밝혀졌다. 감사의 과학의 저자 UC데이비스 대학 심리학 교수 로버트 에몬스는 감사는 삶의 방관자보다 적극적 참여자가 되게 하고, 독성, 부정적 감정을 차단한다고 한다.[45] 필자도 되도록 매일 감사한 일들을 하나라도 적으려 한다. 통상 자기 전에 쓰기에 그 감사한 마음이 잘 때 도움이 되며, 실제로도 관련된 연구 결과는 많다. 복기 과정 속에서 감사한 일이 무조건 하나 이상은 나온다.

(2) 오늘의 질문

질문 없이 하루를 끝내는 건 생각없이 끝내는 것과 마찬가지다. 항상 호기심을 갖고 하나의 질문이라도 던져 보자. 하루를 복기하면서 일이든 생활이든 상관없이 딱 하나만 질문해 보자. 분명히 나올 것이다. 그게 엉뚱해도 상관없고, 사실 엉뚱해야 질문의 가치가 높다. 어차피 혼자만 볼 내용들이기에 과감하게 솔직한 질문들을 써 내려가 보자.

(3) 목표 복기하기

단기, 중기, 장기 목표들을 엑셀 안에 적어 놓고 매일 보는 것이다. 이미 아는 내용인데도, 그 목표들을 몸 속 깊숙이 지속적으로 인식시켜 주는 것이다. 그럼 몸과 마음의 에너지가 무의식적으로도 그것을 달성하기 위해 자동적으로 우리를 도와줄 것이다. 엑셀을 여느 게 귀찮다면 휴대폰 잠금 화면에 목표가 보이도록 설정할 수 있다. 구글 스토어 등에서 '내가 기억해'라는 앱을 설치 후 목표와 관련된 키워드를 추출해 앱 내 작성하면 된다. 자세한 내용은 아래 '시간관리에 도움이 되는 팁' 란을 참조하면 된다.

3) 목표 관리

- 올바른 목표 관리 습관: 시간관리는 무언가를 달성하기 위해서다 즉, 목표를 달성하기 위한 수단이다. 그럼 목표를 어떻게 관리해야 할까? 다

음은 필자가 사용하는 목표 관리 예시 도표이다.

	개인	일	라이프
단기(1~3개월) * 달성 시한: 20. 3. 31.	시간관리의 고수 되기 - 아침마다 할 일 적기	업무 관련 독서광 되기 - 일주일에 한 권 읽은 후 블로그에 글 쓰기	시간관리 책 출간 - 하루에 딱 25분만 일주일에 최소 3번 쓰기
중기(3~12개월) * 달성 시한: 20. 12. 31.			
장기(1~3년) * 달성 시한: 23. 12. 31.			
초장기(3~10년) * 달성 시한: 30. 12. 31.			
라이프(~인생의 끝) * 달성 시한: ~인생의 끝			

업데이트해야 하는 건 주기가 짧은 단기, 중기이다. 달성 시한이 지나가지 않는 한 업데이트할 필요는 없다. 다만 달성 시한 내 목표를 이뤘다면 새로운 목표를 설정하면 된다. 이렇게 정리하면 한눈에 우리 인생의 목표를 일목요연하게 볼 수 있다.

4) 에너지 관리

에너지 관리는 크게 4가지 측면에서 바라볼 수 있다. 체력, 멘탈, 감정, 영혼이다. 이 4가지 에너지는 서로 상호 작용하며, 모두 우리가 챙겨야 할 부분이다. 각각을 긍정적 측면에서 갖고 있고 발산하는 게 중요하다. 그럼 각 요소가 의미하는 바가 무엇일까?

① 체력: 말 그대로 육체적 에너지다. 이는 좋은 생활습관과 꾸준한 운동으로 만들 수 있다. 체력이 없으면 일도 못 하고 아무것도 못 한다. 일단 체력이 있어야 무엇이라도 할 수 있다.
② 멘탈: 정신적으로 강력하게 스스로 단련해야 한다. 사실 우리를 괴롭히는 것은 외형적 위협보다 스트레스, 걱정과 같은 정신적 위협이다. 이는 체력과 마찬가지로 좋은 생활습관과 특히 명상으로 만들 수 있다.
③ 감정: 삶을 풍부하게 만드는 힘이다. 에너지를 긍정적으로 발산하며 행복감을 높이는 데 중요한 역할을 한다. 이는 좋은 생활습관과 원만한 대인관계로 만들 수 있다.
④ 영혼: 남보다 고차원에서 삶을 바라볼 수 있게 해 준다. 영적 에너지가 높을수록 삶을 보이는 대로 보지 않고 다양한 관점과 깊은 통찰로 바라볼 수 있는 능력이 생긴다. 멘탈과 비슷하게 마찬가지로 좋은 생활습관과 꾸준한 명상으로 만들 수 있다.

사실 위 4가지 에너지를 만드는 것에 특화된 것은 없다. 위에서 거론한 좋은 생활습관, 운동, 명상, 원만한 대인관계 모두를 동시에 실행해야 이 4가지를 동시에 모두 만들 수 있다. 이제 우리가 아는 에너지 레벨이란 체력뿐만 아니라 멘탈, 감정, 영적 에너지를 모두 포함한다는 것은 깨달았을 것이다. 그럼 어떻게 에너지 레벨을 높일 수 있을까? 필자는 구체적으로 아래와 같은 세부적인 습관들을 나열했다. 이 6가지 습관만 지켜도 높은 레벨의 에너지를 보유할 수 있을 것이며, 궁극적으로 효율적이고 동시에 의미 있는 시간관리를 할 수 있을 것이다.

- 올바른 에너지 관리 습관 1: 일찍 자고 일찍 일어나기

과거 전등, 디지털 기기 등이 보급되기 이전에는 저녁에 딱히 할 일도 없으니 일찍 자고 자연스럽게 일찍 일어나는 게 생활 패턴이었다. 그러나 지금은 밤에도 환한 조명 아래에서 일하거나 놀 수 있고 자연스럽게 늦게 일어나는 게 일부 현대인들의 패턴이 되었다. 아침형 인간과 저녁형 인간 이라는 말도 사실 지어낸 말에 불과하다. 수만 년간 인류는 일찍 자고 일 찍 일어나는 생활을 반복해 왔는데, 지난 몇십 년간의 급격한 기술 발전 으로 인해 갑자기 저녁형 인간 유전자가 생기기란 어렵다. 야근, 동영상 및 게임 등의 콘텐츠 소비는 건강을 해치는 행위일 뿐이다. 『생체리듬의 과학』의 저자 사친 판다는 "우리의 생체리듬은 저녁의 밝은 빛 때문에, 그 리고 낮 동안 자연광을 접할 기회가 제한됨에 따라 계속해서 혼란스러운 상태에 있다."라고 말한다.[46] 저녁 9시 이후에는 천장의 조명을 환하게 켜 지 말고, 다양한 조명 옵션이 있는 스탠드로 밝기를 낮춰 보자. 이전보다 더욱 숙면을 취할 수 있을 것이다.

- 올바른 에너지관리 습관 2: 명상 / 스트레칭 하기

명상의 과학적 효과는 수도 없이 많다. 그중 핵심은 명상은 집중력 강 화, 스트레스 및 초조함 감소의 효과 등이 있다.[47] 과학적 논문과 증거들 이 이렇게 많은데 한국에선 명상은 다소 거리감 있는 멘탈 운동이다. 세

계적 특히 서양에선 수많은 상위 1% 엘리트들이 명상을 수행한다. 예를 들어 빌 게이츠, 윌 스미스, 마이클 조던, 오프라 윈프리, 아놀드 슈왈제네거, 조지 루카스, 레이 달리오(세계적인 헤지펀드 매니저) 등 셀 수 없이 많은 각 분야의 엘리트들이 명상을 오랫동안 수행해 왔다.[48] 그런데 이렇게 좋은 걸 안 할 이유가 있을까? 안 할 이유가 있으면 그 이유에 대해 누군가 필자에게 설명해 줬으면 좋겠다. 그들이 가진 부와 명예는 흉내 내진 못해도, 그들의 좋은 습관은 지금 바로 흉내 내고 내 것으로 만들 수 있다. 한국 및 동아시아에서 명상은 뭔가 심오한 이미지가 있다. 또한 종교적 이미지도 있다. 명상에 대한 앱들도 많이 있다. 필자는 주로 중국과 호주 앱을 사용한다. 心潮신챠오, InsightTimer라는 앱이다. 무료로 다양한 콘텐츠를 사용할 수 있으니 중국어와 영어가 가능하다면 강력 추천한다. 한국앱은 명상 인구와 시장이 작아 아직 필자가 사용하는 것은 없다. 자세한 앱 사용 방법은 아래「5. 최고의 내가 되기 위한 방법: 시간관리 실전편」에서 사용 팁을 참조하길 바란다.

그럼 명상은 어떻게 해야 할까?

일단 왜 해야 하는지 생각하자. 간단하다. 예를 들어 5분을 걸어 보자. 문제 없다. 10분을 걸어 보자. 문제 없다. 그럼 1시간을 걸어 보자. 조금 힘들기 시작하지만 불가능한 건 아니다. 그럼 3시간을 걸어 보자. 굉장히 힘들어진다. 다리가 매우 뻐근하다. 앉아서 쉬고 싶다는 생각이 들 것이다. 명상도 비슷한 맥락에서 생각해 볼 수 있다. 아침에 일어나서 잘 때까지 하루 종일 휴대폰을 보거나 이것저것 잡생각을 하면 눈과 뇌는 무리가 갈 수밖에 없다. 지속적으로 외부에서 들어오는 신호들을 처리하고 해석

해야 하기 때문이다. 명상은 1분이라도 좋다. 눈을 감고 주도적으로 생각하지 않고 나와 주변을 느끼는 것이다. 깊게 들어가면 더 많은 이야기를 해야겠지만, 책의 주제가 명상이 아닌 만큼 핵심만 얘기하면 그렇다. 필자는 주로 눈을 감고 주변에서 들려오는 소리, 심장박동, 앉아 있는 느낌, 체온 등을 느껴 본다. 그리고 호흡에 집중한다. 코로 숨을 들이쉬고 내쉬고를 실시한다. 호흡할 땐 호흡 시의 느낌에 집중한다. 계속 호흡하는 것이 어렵다면 다시 주변과 나를 느낀다. 기본적으로 명상은 생각하지 않는 것의 개념이 아니다. 진짜 현재의 집중하는 것이다. 인터넷 동영상 속의 장면들은 현재가 아니다. 잡생각도 현재가 아니다. 명상은 현재에 집중함으로써 나를 객관적으로 생각하고 보게 되는 것이다. 결과적으로 집중력, 판단력, 안정감에 큰 도움을 준다.

1~10분 하는 명상이 아무것도 하지 않아서 낭비되는 시간으로 느낄 수 있다. 그렇다고 명상하지 않을 때 우리가 어마어마하게 대단한 일을 항상 하고 있는 것도 아니다. 오히려 눈과 뇌를 지치게 하는 활동을 장기간 함으로써 시간 낭비의 비중을 증가한다. 1~10분 명상을 위한 시간 투자는 10배 이상의 가치를 가져온다.

시간관리와 명상

첨단 경영 기법 및 디지털 기기를 통한 양적 시간관리는 한계가 있다. 시간관리 이전에 시간에 대해서 좀 더 구체적으로 생각해 볼 필요가 있다. 시간의 흐름은 크게 두 가지 관점으로 볼 수 있다. 흐름을 주도하는 것과 당하는 것이 있다. 구체적으로 말하자면 전자는 그 순간을 깨어 있는 의식으로 알아차리는 것이고 후자는 의식 없이 시간에 끌려가는 것이다. 명확한 목표와 방향이 있다면 그 순간은 꽉 차 있고 살아 있는 시간이다. 반면 목표와 방향이 없다면 생동감 없이 단지 흘러갈 뿐이다. 둘 다 다른 개념이다. 필자가 얘기하는 효율적인 시간관리는 양과 질의 개선 모두를 내포한다.

지금 한번 생각해 보라. 얼마나 지금 이 순간을 우리 온몸과 마음으로 알아차리고 느끼는지 말이다. 명상에서 중요하게 여기는 게 바로 이 알아차림이라는 개념이다. 눈을 감고 숨을 내쉬고 뱉을 때 그 순간에 집중하는 것이 명상의 기초적 자세이다. 핵심은 호흡이 아니라 호흡을 알아차리는 것이다.

- 올바른 에너지관리 습관 3: 디톡스 주스 + 아침 먹기

필자는 아침에 일어나면 직접 제조한 디톡스 주스를 섭취한다. 건강한 재료로 만든 디톡스 주스의 효능은 널리 알려져 있다. 다음은 필자가 자주 섭취하는 재료 조합이다.

1. 우유+바나나+방울토마토
2. 우유+바나나+방울토마토+양배추+브로콜리
3. 우유+바나나+방울토마토+양배추+브로콜리+이로니이+이미케드

* 음용 후, 고농도의 다크 초콜릿을 종종 먹는다. 일반적으로 먹는 초콜

릿은 50% 미만이며, 필자의 경우 70~100%의 쌉쓸한 다크 초콜릿을 먹는다.

제조 시 휴대용 소형 믹서기를 사용한다. 크기가 작기 때문에 한 번에 딱 1인분만 만들 수 있다. 그러나 중대형 믹서기 대비 크기가 작고, 관리하기 편해 사용성이 뛰어나다. 각각의 재료들이야 딱 봐도 건강함이 느껴지는 것들이다. 필자의 경험으론—거의 매일 필자만의 디톡스 주스를 마시지만—마신 날은 확실히 에너지가 넘치는 기분이 든다. 몸과 마음이 충전된 기분이다. 반면 마시지 않은 날은 에너지가 덜 충전된 기분이다. 상기의 조합은 필자의 개인 취향을 담은 조합이다. 여러분은 각자의 취향대로 제조하면 된다. 단, 채소와 과일 위주로 건강함을 지향해야 한다. 스위트 파우더/시리얼 등이 담겨 있으면 디톡스 주스보단 스낵 음료에 가깝다.

원래 필자는 아침을 먹지 않았다. 그러나 여러 책들을 통해 아침의 중요성을 깨닫고 아침 식사를 시작했다. 이후 에너지 레벨이 이전보다 높아진 걸 몸소 체험했다. 일본의 저명한 신경과 의사 시온 카바사와는 아침에 일어나기 힘들거나 오전에 머리가 어지러운 건 대뇌에게 제공되는 에너지가 부족하기 때문이라 말한다. 그러므로 아침 식사를 먹는 건 매우 중요하다고 한다. 더불어 그는 식사를 할 때 꼭꼭 씹어 먹어야 뇌에서 세로토닌을 분비하게끔 유도한다고 한다. 결과적으로 포만감을 느끼고, 에너지가 생긴다고 한다.[49]

에너지 관리는 크게 수면, 운동, 음식, 휴식, 목표의식으로 이루어져 있다. 이 중 음식은 에너지 관리에 가장 큰 영향을 끼치는 요소 중 하나이다. 더 확실한 에너지 관리를 위해선 디톡스, 아침 식사뿐만 아니라 전반적으로 식단을 잘 관리해야 한다. 기본적으로 위에서 언급했다시피 채소, 과일, 통곡류, 견과류의 비중을 높이고, 우유, 육류의 비중을 낮추는 것이 에너지 관리의 핵심이다. 자세한 건『How Not to Die(의사들의 120세 건강 비결은 따로 있다)』라는 책에서 각 질환 별로 도움이 되는 음식, 왜 채소/과일 등이 건강에 도움이 되는지 과학적 근거들을 참조해 볼 수 있다. 필자의 경우 항시 매 끼니를 철저하게 관리하는 편은 아니다. 다만 전반적으로 아래 스케줄대로 식단 관리를 실행하고 있다.

	평일	주말
아침	1. 한식 2. 디톡스 주스(양배추/브로콜리/아마씨드/(방울)토마토/바나나/사과/수박 중 X개의 조합) 3. 건강 커피 　(아이스: 커피/녹차/시나몬, 핫: 커피/녹차/코코넛오일)	아점
점심	일반식	
저녁	1. 감자/고구마/옥수수 중 1개 2. 낫토 3. 양배추 4. 디톡스 주스(양배추/브로콜리/아마씨드/(방울)토마토/바나나/사과/수박 중 X개의 조합) * 식사 시간은 늦어도 저녁 7시 30분 이전. 주말의 경우 저녁 6시 이전. 목표는 공복 12시간 이상 유지.	

영양제	1. 오메가3 2. 비타민 메가도스 3. 프로폴리스 4. 루테인

큰 틀에서 12시간 이상 공복/채식 위주의 식단을 실행하고 있다. 경험적 측면에서 달라진 점은 예전보다 높은 에너지, 강한 체력과 멘탈이 생겨남을 감지했다. 더 흥미로운 점은 밀가루, 고기, 튀김, 인스턴트 음식이 당기지 않을 뿐만 아니라 약간의 거부감도 생겼다는 점이다. 과거의 필자는 밀가루 등을 좋아했는데, 지금은 다른 사람과의 식사 자리 등 기회가 있으면 먹지만, 스스로 사 먹은 적은 굉장히 드물어졌다. 올바른 식단 구성으로 에너지 넘치는 시간의 비중을 늘려 보도록 하자.

임종의 노인들이 인생에서 가장 후회하는 몇 가지들

호주의 오랫동안 임종 직전 환자들을 보살핀 간호사 브로니 웨어 Bronnie Ware는 자신의 경험을 토대로 『죽을 때 가장 후회하는 다섯 가지』란 책을 출간했다.[50] 시간관리는 결국 나중에 돌이켜 보았을 때 가장 후회하지 않은 것들을 찾아나가는 과정이다. 이런 관점에서 그녀의 메시지는 우리에게 큰 영감을 줄 것이다.

1) 다른 사람의 기대가 아닌 진정한 나를 위한 삶을 살았다면
그녀는 그들의 인생이 끝날 때쯤 얼마나 많은 꿈들을 이루지 못했

는지 말한다. 또한 그들의 꿈이 과정 속에서 달성 못 한 것이 아닌, 결국 선택에 의해 이루지 못했다고 말한다. 즉, 꿈이 있어도 단 한 번도 시도하지 않고 세속적 분위기에 고만고만한 결정을 하며 살았다는 의미다.

2) 일을 열심히 하지 않았더라면

대다수의 남성들이 이 부분을 후회한다고 한다. 결과적으로 일에 집중함으로써 자녀들과 아내와의 소중한 순간들을 적게 가진 것이다. 세상에 공짜는 없는 것 같다. 이것도 결국 시간관리 이슈와 연관되어 있다. 공부도 일도 때가 있다고 생각한다. 해야 할 때 적기일 때 정말 열심히 하고 쉴 땐 불필요한 활동들에 시간 낭비하지 않고 가족들과 더 많은 시간을 보내게끔 분배해야 한다.

3) 내 감정을 표현할 용기가 있었더라면

사회생활을 하다 보면 본인의 감정을 모두 표출할 순 없다. 그러나 장기간 억누를 필요도 없다. 어느 정도 표현해야 사랑도 우정도 챙길 수 있다. 한 번뿐인 인생 감정을 꼭꼭 숨겨 봐야 알아줄 사람도 없다. 뭘 위해 표현을 못 하는지 막상 생각해 보면 없다.

4) 친구들과 더 가깝게 지냈더라면

죽음에 도달해서야 오래된 소중한 친구들의 가치를 느낀다고 한다. 현대 사회에선 오랫동안 관계를 유지하기란 결코 쉽지 않다. 커리어, 가족, 건강 등 많은 것들을 챙겨야 하기 때문이다. 그러나 시간 관리 스킬을 가진 사람은 다르다. 시간을 효율적으로 분배하고 사용하기에 시간이 흘러도 소중한 친구들과 관계를 유지할 수 있다.

5) 내 자신을 더 행복하게 했었더라면
놀랍게도 많은 이들이 이러한 공통점이 있다고 한다. 그들은 죽기 이전까지 행복이 선택이란 점을 깨닫지 못했다고 한다. 생각해 보자. 하루 종일 한 일들이 정말 행복을 위해서 한 일인지, 해야 하기 때문에 한 일인지 말이다. 그 비중의 변화가 우리 삶의 퀄리티의 변화다. 행복은 누구나 갖고 있는 감정이다. 그러나 각자의 임계치는 매우 다르다. 누구는 행복감을 쉽게 느끼고, 다른 누구는 1년 1~2번 느끼는 정도이다. 여러분이 행복을 원한다면 지금 바로 불필요하게 높게 설정된 임계치를 좀 낮춰 보자. 기존의 높은 임계치가 여러분의 삶을 개선했는가? 행복하게 했는가? 아마 그렇지 않을 것이다. 어차피 내일 어떤 일이 벌어질지 모른다면 행복을 아끼지 말자. 지금 바로 행복하자. "나는 행복하다, 나는 운이 정말 좋다, 나는 잘될 수밖에 없다."라는 주문과 함께 말이다.

- 올바른 에너지관리 습관 4: 앉아 있는 시간 최소화하기
소리 없이 우리의 건강, 결국 귀중한 에너지를 고갈하는 적이 있다. 지금 여러분이 하는 바로 그것, '앉기'이다. 이미 여러 의학적 및 과학적 연구들을 통해 장기간 앉기의 위험성은 이미 검증됐다. 예컨대 2시간 앉아

있다면, 여러분들의 좋은 콜레스테롤(혈관 내 찌꺼기 청소 역할) 레벨을 20% 떨어뜨린다. 이러한 이유로 사무직 근무자가 그렇지 않은 사람보다 심장 질환 발병 가능성이 2배 높다고 한다.[51] 필자는 이런 사실을 접하고 최근 스탠딩 데스크를 구매했다. 조절이 가능하여 예를 들어 몇십 분은 일어서서, 몇십 분은 앉아서 작업이 가능하다. 가격은 15만 원 내외로 아주 저렴한 편은 아니지만 건강에 있어서 큰 도움이 된다고 생각한다. 이전에는 앉아 있는 게 부담스러웠다. 1시간가량 앉아 있으면 허리에 무리가 가고 집중이 잘 되지 않았기 때문이다. 물론 중간중간 스트레칭을 했지만 역부족이었다. 그러나 스탠딩 데스크를 구매하고 나선 그런 고민들이 사라졌다. 집중력이 높아졌고, 서 있는 상태에서 허리, 다리, 발목 스트레칭을 실시할 수 있게 됐다.

결론적으론 몸이 더 가벼워진 느낌이다. 세계에서 가장 큰 기업 중 하나인 시총 1,400조 원 이상의 애플의 경우, 애플 본사 전 직원에게 스탠딩 데스크를 지급했다고 한다. 이에 대해 CEO 팀 쿡Tim Cook은 "앉기는 새로운 암이다(Sitting is the new cancer)"라는 말을 하며 라이프스타일 개선 등을 위해 지급했다.[52] 세계 최고 IT 수장이 실행하고 그 비용이 15만 원 정도라면 충분히 실행해 볼 만하지 않을까? 필자는 지금 서서 글을 작성 중에 있다.

- 올바른 에너지관리 습관 5: 낮잠 자기

한국에선 낮잠에 대한 개념이 보편화되어 있지 않다. 필자는 낮잠이 좋지 않은 거라 생각했다. 밤에 잠을 잘 때 숙면에 방해가 되거나, 낮에 잔다는 건 시간 낭비를 하는 걸로 생각했다. 그러나 여러 책들을 통해 낮잠은 나쁘고 좋고의 문제가 아니라 오히려 필수라는 걸 발견했다. 중국의 에너지관리 관련 유명 트레이너 쟝쟌훼이張展晖는 그의 저서『컨트롤掌控』에서 낮잠을 잘 때 30분을 넘지 말아야 한다고 말한다. 넘게 된다면 오히려 판단력이 떨어진다고 한다.[53] 아인슈타인, 나폴레옹, 처칠, 다빈치, 케네디 등 시대의 위인들도 낮잠 습관이 있었다고 한다.

- 올바른 에너지관리 습관 6: 일주일에 3번은 운동하기

운동의 중요성은 여러 번 강조해도 부족함이 없다. 장점들이 무수히 많기 때문이다. 오히려 단점을 찾기 어렵다. 물론 과한 운동은 단점이 될 수 있지만, 전체 장점들이 개수 대비 단점들은 매우 적다. 그러나 대게 몸에 좋은 건 하기 싫고 오래 지속하기 어렵다. 필자는 운동을 좋아하지 않았다. 몇 년 동안 여러 노력 끝에 어떻게 하면 운동을 할 수 있을지 팁을 여기서 공유해 보고자 한다. 동기 → 환경 → 운동의 법칙이다. 이는 필자가 발견한 법칙이자 루틴이다.

① 동기: 아침에 운동/건강/자기계발/명상 관련 책을 최소 5페이지 읽어 보자. 아침부터 이런 책을 읽게 되면 자기도 모르게 책에 나온 내용을 따라 해야 할 거 같고 했을 때는 뭔가 하루를 보람차게 보낸 느낌이 든다. 보통 이런 책은 인문학, 경제 책들 대비해서 내용이 쉬워서 아침에 부담 없이 읽을 수 있다. 책을 읽고 바로 운동할 필요는 없다. 일단 시간을 갖고 아침마다 책을 1주일 이상 읽어 보자.

② 환경: 책을 읽고 뭔가 운동에 필요성이 느껴진다면 운동 2개 이상을 시작해 보자. 단, 성격이 매우 다른 2개를 신청해야 한다. 헬스+골프,

헬스+요가, 헬스+필라테스, 헬스+클라이밍 등 다양한 조합이 있다. 일단, 1개만 하면 지겹다. 운동을 쉽게 포기하는 이유는 재미없기 때문이다. 그 재미를 만들기 위해선 매번 똑같은 운동보다 번갈아 가며 다양한 운동을 하는 것이 중요하다. 물론 비용적으로 부담이 될 수 있겠지만, 홈트레이닝도 보편화됐고, 운동 시설의 공급 과잉으로 예전보다 각종 운동의 비용들이 낮아졌다. 추가로 돈을 이미 냈다면 낸 돈이 아까워서라도 가게 된다. 이렇게 운동할 확률이 높은 환경을 만들어야 한다.

집에선 요가매트, 폼롤러, 마사지볼, 푸쉬업 도구를 항시 보이는 곳에 놓아 두자. 안 할 수도 있지만 중요한 건 보이지 않을 때보다 할 확률은 높다.

작은 팁으로 토요일 오전 운동 레슨을 예약하는 걸 추천한다. 보통 주말은 늘어지기 쉽다. 7일 중 2일은 약 30%다. 결코 적은 비중이 아니다. 주말을 잘 보내려면 토요일 오전을 어떻게 보내는지가 관건이다. 토요일 오전에 필라테스, 헬스 등을 한다면 끝나고 나서 시간을 알차게 보낸 느낌이 든다. 그러면 나머지 시간도 무의식적으로 알차게 보내려는 행위를 하게 된다. 인생의 30%를 무의미하게 보낼 건지 알차게 휴식, 자기계발, 운동을 할 것인지 각자의 선택이다. 여러분의 이번 주말은 어떻게 보낼 것인가?

에너지를 빼앗는 것들을 경계하라

주관적이지만 좋은 기운과 나쁜 기운을 우리는 감각적으로 알고 있다. 어떤 사람을 만날 때, 어떤 환경에 있을 때, 어떤 음식을 먹을 때 에너지를 주는지 뺏는지 알 수 있다. 필자는 그 감각이 대게 맞다고 판단한다. 에너지를 늘리는 가장 기본적 방법은 에너지를 빼앗는 것들을 경계하거나 피하는 것이다. 인생은 짧다. 더불어 우린 성인군자가 아니다. 가능하다면 그러한 것들과 거리감을 두자. 이건 정말 중요한 레슨이다. 아니면 아닌 거다. 억지로 이치에 맞지 않는 것을 맞춰 가려 하지 말자.

사실 시간보다 에너지가 더 중요하다. 제 아무리 시간이 많아도 불필요한 에너지로 가득 찬 삶이라면 시간관리는 의미가 적다. 지금 피로하다면 당장 해야 할 일은 시간관리보단 에너지 관리다. 만성 피로 상태에서 우리가 성취할 수 있는 일은 적다. 이건 종교적 의미에서의 영, 기학에서의 기를 말하고자 하는 것이 아니다. 순전히 우리 몸과 정신에서 느껴지는 에너지, 활력 넘치는 삶을 향한 동경과 실천을 말하고자 하는 것이다.

눈을 감고 생각해 보자. 무엇이 우리 에너지를 뺏어 가는지 말이다. 차근차근 하나하나 인식하고 멀리하자. 인생을 좋은 에너지로 가득 채우자.

③ 운동: 에너지 넘치는 자신의 모습을 자주 상상하자. 운동할 때와 하지 않을 때 모두 포함해서 이미지 트레이닝을 해야 한다. 솔직히 운동 자체는 고될 수 있다. 그러나 실제로 운동하게 되면 에너지가 넘치고 그런 상상을 하게 되면 긍정적 에너지가 발산된다. 이미지 트레이닝 → 긍정적 에너지 → 운동 → 긍정적 에너지 → 이미지 트레

이닝으로 선순환을 시켜 보자. 추가로 운동에 대한 기대치를 낮게 가져가자. 운동을 한 것에 의의가 있다. 얼마나 열심히 하고는 차후의 문제이다. 우리의 목표는 시간관리를 잘 하기 위한 에너지 관리이지 복근을 만드는 게 아니다.

5) 행동 관리

- 올바른 행동관리 습관 1: 스트레스 & 회복

어떻게 자신의 한계를 극복할까? 동서고금을 막론하고 한계를 극복하는 최적의 방법은 스트레스를 주고 회복을 갖고, 이를 번복하는 것이다. 스트레스 없는 성장은 없다. 성장을 위해선 고통이 수반된다. 하기 싫은 일도 해야 한다. 그러나 스트레스만 준다면 탈진될 것이다. 중간중간에 적정한 길이의 회복 기간을 가져야 한다. 이는 근육 운동, 기업 성장, 자기 계발, 음악 연주 등 분야에 상관없이 모두 적용되는 Holy grail과 같은 공식이다. 스트레스와 회복의 중요성에 대해 이미 예전부터 인지한『The power of full engagement』저자들은 모든 우수한 성과자들은 주기적으로 스트레스와 회복 사이를 왔다 갔다 하여 그들의 능력을 최적화하는 의례(Ritual)를 갖고 있다고 말한다.[54] 그들이 예시로 든 건 월드클래스 테니스 선수들의 행동이었으며, 관찰 결과 대부분이 스트레스와 회복을 반복하는 것을 관찰했다고 한다.

이러한 스트레스와 회복은 여러 곳에 응용할 수 있다. 운동하다 지치면 잠깐 휴식을 취하면 체력이 충전된다. 마찬가지로 일과 공부도 계속하게 되면 효율이 점차 떨어진다. 중간중간에 짧은 휴식을 취하면 더 효율적으로 더 오래 지속할 수 있다. 심지어 청소와 요리도 마찬가지다. 힘들 때 쉬는 게 아니라 특정 시간을 설정해서 그 시간이 도달하면 몇 분 쉬고 다시 몇십 분 일하는 방식으로 해야 오래 한다. 그렇지 않으면 쉽게 번아웃된다.

관련하여 필자는 Time Timer(시간의 흐름을 시각화한 스톱워치) 및 관련 제품/소프트웨어를 사용하여 스트레스와 회복 구간을 설정한다. 예컨대 25분 일하고 5분 쉬는 포모도로(Pomodoro) 형태이다. 성장하고 싶다면 어떤 영역이든 스트레스와 회복을 응용하자.

- 올바른 행동관리 습관 2: 완전한 내 것으로 만들기
골프의 표준 자세는 정해져 있다. 그러나 사람들이 개개인마다 자세가 다른 건, 초반에 들인 습관이 몸에 배어 있기 때문이다. 완전히 습관을 내 것으로 만든다는 건 어떤 의미일까? 무의식 중에도 실행한다는 것이다. 골프 스윙 자세를 바꾸기 위해 수많은 노력과 시간을 쏟듯, 나쁜 습관을 올바른 습관으로 바꾸는 것도 마찬가지다. 그러나 그만한 가치가 있다. 의식적으로 최소 21일간 한 개의 습관 형성을 목표로 바꾸어 나가 보자. 간단히 말하면 21일 고생해서 평생 좋은 습관을 가질 수 있다면 해 볼 만한 게 아닐까?

어떤 좋은 습관이 있고, 나쁜 습관이 있는지 알 수 있는 방법이 있다. 아래와 같이 표를 만든 후, 자신의 레벨을 측정해 보자. 모든 걸 최적화할 필요는 없다. 가장 중요한 것 하나만 최적화하자. 시간은 많다. 21일 동안

무엇을 목표로 할지 고민해 보자.

좋은 습관	레벨(1-5)	나쁜 습관	레벨(1-5)
주 2회 운동	4	가끔 늦게 자기	2
매일 독서	5	눈 스트레칭 가끔 안 하기	3

* 레벨이 높을수록 좋은 것. 3은 중립

최고의 내가 되기 위한 방법: 시간관리 실전 편

시간관리 유용 도구들

1) Pomotodo

PC 사용 시 쓸 수 있는 앱이다. 참고로 Pomotodo는 Pomodoro라는 25분 효율적 작업 방법의 이론을 토대로 지은 이름이다. Pomodoro란 이태리의 생산성 전문가 Francesco Cirillo[55]가 창안한 컨셉으로 인간이 지치지 않고 효율적으로 일하기 위해선 25분 일하고 5분 쉬는 방식을 취하는 것이다.

할 일을 설정하고 시작 버튼을 누르면 25분 동안 시계가 돌아가고 시간이 점차 줄어드는 모습을 볼 수 있다. 필자는 하루를 시작하면 해야 할 일들을 최대 5개 적어 놓고 진행할 때마다 시작 버튼을 누른다. 25분이 지나가면 알람 소리와 함께 일을 완수했다는 팝업 메시지가 뜬다. 이 소프트웨어는 프리미엄(freemium)으로 특정 기능을 사용하기 위해선 일정의 돈을 지불해야 하지만, 기본적인 기능은 무료다. 확실히 사용 전과 후의 차이가 크다. 사용 전에는 눈이 피로할 때까지 사용하게 되지만 시각적으로 25분의 흐름을 볼 수 있다면 의식적으로 25분 후 잠깐 일을 멈추게 된다.

추가로 과거에 본인이 했던 일들을 알 수 있고 얼마만큼 했는지 알 수 있다. 예를 들어 필자는 보고서1st, 보고서2nd 등으로 얼마큼의 시간을 해당 작업에 투입했는지 알 수 있게 했다. Pomotodo의 가장 큰 장점은 집중력이 높아진다는 것이다. 일단 얼마큼 시간이 남아 있는지 보이니 "저만큼만 하고 쉴 수 있다"라고 생각할 수 있다. 그게 은근히 지속적으로 무언가를 하게 되는 데 큰 도움이 된다. 반면 어떠한 시간 설정을 하지 않았다면 일을 하다 집중력을 잃게 되면 본인도 모르게 인터넷 동영상이나 음원 사이트로 들어가는 자신을 발견하게 될 것이다.

2) 디지털 Pomodoro 기능 포함 만능 시계

미니 사이즈의 디지털 시계로 기능들이 다양하다. 시간, 스톱워치, Po-modoro, 알람 기능이 있다. 가끔 책상 앞에서 사용한다. 필자는 25분 일하기가 다소 습관이 되어 어디에서 관련 도구들을 배치했다. 다양한 시간관리 도구들을 사용하면 쉽게 질리지 않기 때문이다. 이 시계의 특징은 25분, 5분이 단위로 자동 알람 기능이 있어 가만히 둬도 언제 25분 및 5분이 끝났는지 소리 및 진동으로 알 수 있다. 사이즈도 한 손으로 쥘 수 있을 만큼 작은 사이즈이기에 외출할 때도 소지가 가능하다. 필자는 특히 해외 출장 시 꼭 챙겨 간다. 예컨대 전자책을 읽거나 영화를 볼 때 Pomodoro를 실행하면 언제 휴식을 취하고 다시 읽어야 하는지 알 수 있다. 휴식을 취할 때 잠시 스크린을 보지 않고 눈을 감거나 일어나서 간단한 스트레칭을 한다. 만약 이 시계가 없다면 무리하게 눈을 사용하여 피로감을 누적하거나 오래 앉아 전체 컨디션에 부정적 영향을 줄 것이다.

3) Time timer 손목시계

시간관리에 관심 있다면 들어 본 브랜드일 것이다. 필자는 유튜브를 통해 Time timer의 브랜드를 알게 됐다. 이는 설정된 시간에서 남은 시간을 시각화하여 사용자에게 직관적 정보를 주는 제품 컨셉이다. 미국 브랜드이며 학교, ADHD 등 관련하여 베스트셀러인 제품이다. 필자는 해당 브랜드의 손목시계를 구매했고 현재까지 잘 쓰고 있다. 특별한 특징은 없다. 3가지 모드가 있다. 현재 시간, Pomodoro 모드, 알람이다. 언뜻 보기엔 애플워치처럼 생겼으나 wifi 및 기타 스마트 기능은 제공하지 않는다. 이 점이 필자가 이 제품을 좋아하는 이유다. 시간관리에 있어서 핵심 기능만 있기 때문이다. 만약 wifi 연결이 되어 메시지 수신 등으로 자주 손목시계를 봐야 한다면 집중력에 영향을 줄 것이다.

4) 30분짜리 모래시계

필자는 모래시계와 같은 장식품들을 사는 타입이 아니다. 그러나 시간관리에 대해 관심이 생기면서 상기와 같은 여러 시간관리 도구들을 구매했다. 그중 모래시계를 생각하게 된 건 이만큼 직관적인 시간관리 도구가 없다고 생각했기 때문이다. 시중에 1분/5분/30분 등 다양한 종류의 모래시계를 판매한다. 필자는 30분짜리 2개, 1분짜리 2개가 있다. 색깔은 총 2종류를 갖고 있다. 더불어 필자가 구매한 모래시계 상단엔 의미 있는 단어를 각인하여 고유의 모래시계를 만들었다. 참고로 타오바오에서 구매한 모래시계로 각인 옵션이 있었다. 时间管理, 专注, 坚持(시간관리, 집중, 끈기)라는 문구를 각인했다. 언제든 모래시계를 보면 핵심 메시지가 필자에게 지속 주입되기 때문이다.

5) 마우스 손목 보호대

업무 중 상당 부분을 키보드와 마우스를 사용하게 된다. 오랫동안 사용하게 되면 손목터널증후군이 생길 수 있다. 이는 손목터널(수근관)이 좁아지면서, 결과적으론 손목 통증 및 손 저림을 유발한다.[56] 필자는 이 정도까진 아니었지만 어느 날 손등을 보니 구부리면 뭔가 튀어나온 것이 보였다. 더불어 손목을 움직일 때 불편함이 있었다. 그러다가 시간이 지나면 나아져서 별다른 대책을 세우진 않았다. 그러다 어느 날 키보드와 마우스 아래 바닥에 닿는 느낌이 유난히 딱딱했고 또다시 미미하지만 통증이 올 거란 생각을 하니 컴퓨터 사용에 거부감이 생겼다.

이에 대책을 고민하던 중 다이소에 가면 왠지 손목 보호대가 있을 것 같아 바로 근처 다이소에 갔다. 예상하던 대로 손목 보호대가 있어서 결과적으론 3개를 샀다. 2개는 키보드 앞에 나머지 1개는 마우스 앞에 두었다. 써 본 결과 볼록 튀어나온 것도 사라졌고, 통증도 완전히 사라졌다. 밖에 외출할 땐 1개를 챙겨 가서 밖에서도 노트북 쓸 일이 있으면 사용한다. 10년 넘게 컴퓨터를 쓰면서 손목 보호대를 처음 사용한 건데, 왜 이제 썼나 싶었다. 시간관리와 상관이 없이 보이겠지만, 사실 있다. 시간을 사용함에 있어서 신체적 및 정신적으로 불편함이 있으면 제대로 시간을 사용하지 못하고 이는 제대로 된 시간관리를 할 수 없음을 의미한다. 아무리 공부에 대한 의지가 있어도 책상이 없다고 상상해 보자. 혹은 책상이 있어도 의자가 작아서 불편함이 있다고 상상해 보자. 마우스 손목 보호대는 최적화된 환경 조성에 대한 팁이다. 정리하면 인간의 의지력은 유한하나 환경은 제대로 조성만 한다면 그 효용성은 배가된다.

6) 지압 슬리퍼

몇 년 전 특정 연예인 슬리퍼라 유명했던 아이템이다. 발은 제2의 심장이라고 한다. 이 요물은 실내에서 생활할 때 발의 대부분 부위를 자극한다. 말 그대로 슬리퍼 위에 자갈들이 박혀 있다. 과도하게 오래 사용한다면 당연히 몸에 좋지 않을 것이다. 다만 개인 주관적 경험을 토대로(의료적 데이터가 아닌) 말하자면, 잠깐잠깐 사용하는 지압 슬리퍼는 실제로 발 지압 효과가 있고, 뭔가 혈액 순환이 잘 드는 기분이 들게 한다. 일을 하면서 건강관리까지 챙기는 이 아이템은 효율적 시간관리의 유용한 아이템이라 할 수 있다.

시간관리에 도움이 되는 책들

1) 『Make Time(구글벤처스 시간관리법)』

2019년 읽은 책 중 최고의 책이다. 필자가 시간관리에 눈을 뜨게 된 계기가 된 책이다. 메모장의 중요성, 오늘 해야 할 일, 인터넷 사용 시간 제한, Time timer 등 많은 유용한 팁들을 획득했다. 이 책을 읽고 나서 내가 지난 몇 년간 얼마나 많은 시간들을 낭비했는지 깨닫는 계기가 되기도 했다. 시간관리에 실전적 팁들을 원한다면 반드시 읽어야 할 책이다.

2) 『Eat that frog first』

세계적인 자기계발 전문가 지그 지글러의 저서이다. 핵심 메시지는 하루의 시작을 가장 하기 싫거나 어려운 일부터 하라는 것이다. 그러면 나머지는 해결하기 쉽다고 한다. 필자는 그의 주장에 반은 동의하고 반은 반대한다. 필자의 경우는 가장 중요한 일을 먼저 하는 경향이 있다. 머리가 가장 잘 돌아가는 아침이야말로 가장 중요한 일을 할 때라고 생각한다.

시간관리 유용 팁들(생활 측면): 이메일, 유튜브, TV, 스마트폰 적게 사용하는 법

1) 넌 얼마나 쓰니

국내 앱이다. 다양한 기능들이 있지만 핵심 기능은 휴대폰 사용 시간을 강제로 설정하는 것이다. 예를 들어 연속으로 몇 시간 이상 사용하지 못하거나, 몇 시부터 몇 시까지 사용을 못 하는 등 인간의 약한 의지력을 활용한 앱이다. 정말 유용하다! 대단한 앱이라는 생각이 든다. 락인이 될 시 아무것도 못 쓰는 건 아니다. 기본적으로 전화, 문자 그리고 기존에 설정한 락인 시에도 사용할 수 있는 앱들은 사용이 가능하다. 앱 내 통계 기능도 설정하여 본인이 사용 데이터들을 통계로 볼 수 있다. 그 전날 통계를 보며 몇 시간 사용했는지, 어떤 앱들을 얼마큼 사용했고, 몇 번 휴대폰을 연락했는지까지 볼 수 있다. 필자는 하루 2시간 이하, 60번 이하 열람을 목표로 한다. 생각보다 쉽지 않다. 그 뜻은 우리가 생각 이상으로 휴대폰을 생각 없이 열람한다는 뜻이다. 이 앱을 사용하고 난 후 자기 전에 누워서 휴대폰 볼 일이 없다. 아니 못 보기 때문이다.

국내 광고플랫폼 캐시슬라이드를 운영하는 NBT의 조사 결과,[57] 국내 스마트폰 이용자들은 하루 평균 90회를 잠금 해제한다. 평균 사용 시간은 4~5시간이 가장 많다고 한다. 이만큼 필자의 2시간, 60번 목표가 쉬워 보이지만 실제론 그렇지 않다.

2) 不做手机控(휴대폰 노예가 되지 않을 거야)

해외에도 유사 앱들이 있다. 이는 중국 앱인데 '넌 얼마나 쓰니'와 기능적으로 비슷하다. 중국어에 능통하다면 이 앱도 추천한다. 이 앱의 특징은 파란 점이 항상 스크린 상에 떠 있다. 클릭하면 현재 몇 분이 남았는지 볼 수 있다. 뭔가 눈치 보며 사용하니 정말 필요한 것에 대해서만 휴대폰을 사용하게 된다.

3) 챌린저스

국내 앱이다. 서비스가 참신하다. 동일한 목표를 가진 사람들과 각자 돈을 건다. 100% 완수하면 그 목표 달성을 실패한 사람들의 몫과 본인의 원금을 가져갈 수 있다. 가장 많이 사용하는 서비스론 아침 6시 기상 목표가 있다. 인증 방식은 예컨대 아침에 일어나서 자필로 '2020년 3월 6일 아침 기상 성공!'을 노트에 쓴 후 이것을 카메라로 찍어 인증하거나 손을 물에 갖다 대는 장면을 인증하는 것이다. 필자는 아침 6시 기상과 휴대폰 하루 3시간 미만 사용 챌린지를 수행 중이다. 각 3만 원 총 6만 원을 걸었다.

비교적 큰 금액이기에 목표를 달성하기 위해 노력 중이다.

사실 아침 6시 기상 2주간 평일 챌린지를 처음 할 땐 자신만만했지만, 결과는 총 10번 인증에 7번만 성공했다. 달성률 70%다. 하기 전엔 본인이 진정한 아침형 인간이라 생각했으나 필자의 생각보다 데이터가 더 정확하다. 휴대폰의 경우 놀라운 사실을 발견했다. '챌린저스' 사용 전에는 휴대폰을 많이 사용하지 않는다고 생각했지만, '넌 얼마나 쓰니' 앱 등을 통해 실제 데이터를 살펴보면 3시간, 4시간 등 생각 외로 휴대폰을 많이 쓰고 있던 것이다. 주로 인터넷, 동영상 사이트가 주된 원인이다. 휴대폰 하루 3시간 미만 사용 챌린지 이후 의식적으로 사용하지 않고 사용해도 딱 필요한 부분만 사용하게 되니 놀랍게도 30분, 40분 등으로 대폭 적어졌다. 더불어 휴대폰 스크린을 적게 봄으로써 눈의 피로감도 많이 사라졌다. 최근 한 휴대폰 챌린지는 100% 성공했다. 덤으로 소액의 상금도 확보했다. 그러나 습관이란 언제 무너질지 모르기에 적당한 긴장감을 위해 다시 휴대폰 챌린지를 실행 중이다. 여러분 중 아침 6시 기상, 휴대폰 사용 시간 제한, 운동하기 등 오랫동안 시도는 했지만 성공하지 못한 습관이 있다면 '챌린저스' 사용을 추천한다.

4) 내가 기억해

휴대폰을 여러 번 사용하든 적게 사용하든, 적어도 10번 이상은 휴대폰을 열람할 것이다. 이때 뇌 속에 확실히 각인하고 싶은 키워드나 목표가 있다면 이 앱을 구글 스토어 등으로부터 설치 후 사용하면 된다. 그러면 켤 때마다 잠금화면에서 그 키워드 및 목표가 보일 것이다. 더불어 화면 아래 쪽에는 다양한 명언들을 볼 수 있다. 켤 때마다 내가 어떤 목표를 갖고 있는지, 무엇을 중요하게 생각하는지 상기할 수 있다.

　결과적으로 제한된 시간 속에 중요한 일들을 수행하게끔 환경을 조성한다. 이는 정말 중요하다. 우리의 의지는 한정적이다. 그러므로 약한 의지에도 목표를 달성할 수 있게끔 의도적으로 환경을 조정한다면 더욱 효율적인 시간관리를 할 수 있다.

시간관리 메모 작성법

아래 작성법은 필자 개인의 방법이다.

1) 포스트잇 준비

원래 오늘의 할 일은 통상 휴대폰이나 컴퓨터 내 저장하곤 했다. 그게 오랫동안 할 일들을 관리하고 저장하는 가장 효율적인 방법이라 생각했다. 그러나 매번 할 일들을 체크하느라 디지털 기기를 열람하는 행위 자체가 집중력을 분산하는 일이었다. 여러 시도와 실패를 통해 포스트잇이 가장 효율적이란 것을 발견했다.

2) 아침에 작성하기

아침에 작성해야 뭔가 해야 할 일들이 머릿속에서 정리된 상태로 하루를 시작할 수 있다. 스스로에게 질문해 보자. "오늘 제일 중요한 일이 뭐지?" 사실 제일 중요한 일만 해도 그날은 보람차게 보낸 거다.

3) 우선 순위 정하기

많은 사람들이 시간이 흘러가는 대로 대충 산다. 어찌 보면 당연하다. 해야 할 일들은 많은데, 무슨 일을 해야 할지 정하지 않은 상태에서 시간을 보내기 때문이다. 그럼 제일 중요한 일은 무엇일까? 우리 인생의 목표를 향해 다가가는 일들이다.

그날 해야 할 일들을 우선순위에 맞게 쓴다. 필자는 보통 가장 중요한 건 A, B, C, D 등의 순으로 작성한다. 우선 순위 카테고리 명칭은 어떤 것이라도 상관없다. 해야 할 일들을 최대 2개 동그라미 쳐 보자. 필자는 가장 먼저 해야 할 일들을 동그라미 치고, 그 다음은 동그라미가 완성되지 않은 상태로 둔다.

4) 상세 작성법

A~D가 모두 일과 관련될 필요는 없다. 삶의 습관과 연관되어도 좋다. 예를 들어 D를 삶의 습관과 관련된 할 일들을 설정해 보자. 예컨대, 6시 기상, 명상 여부, 스트레칭 여부, 아침 독서 여부 등을 작성한다. 필자는 명상 1^{st}(10)를 적었다면 이는 월요일 10분간 명상이라는 뜻이다. 그걸 성공적으로 완료했다면 화요일 아침에는 명상 2^{nd}라고 적는다. 만약 월요일에 명상을 못 했다면 화요일에는 명상 1^{st}(10/1)이라고 적는다. (10/1)에서 /1의 의미는 1차례 미완수했다는 의미다.

비슷한 맥락에서 오늘 제일 중요한 일이 운동이라 하자. A프로젝트 PPT 작성(25)이라고 적는다. 그런데 여기에는 1^{st}나 2^{nd}와 같은 표기가 없다. 그 이유는 매일 해야 할 일이 아닌 오늘만 하면 되는 일이기 때문이다. 그런데 여러분들 중 일부는 왜 25분만 하냐고 물을 것이다. 그렇게 간단한 일이 그 하루에 가장 중요한 일이 될 수 있는지 물을 것이다. 이유는 만약 (180) 혹은 (120) 등 긴 시간을 적었다면 맥이 빠져 시작조차도 못 하기 때문이다. 뭐든지 일단 시작하는 게 어렵다. 일단 25분이라고 적어 두면 뇌는 '이 정도는 가볍게 할 수 있어'라고 생각할 것이다. 사실 우리는 해야할 일의 양을 알고 있다. 그러나 이렇게 표기로 우리 뇌에 부담을 적게 주는 게 중요하다.

5) 복기 엑셀 내 반영

포스트잇 메모지는 시간이 지나면 처분을 해야 하기에, 해당 메모지 에서 핵심이 되는 부분을 엑셀 내 반영한다. 모든 내용을 반영하면 부담이 되기에, 일부만 반영한다. 반영을 하면서 하루를 복기해 보는 시간도 갖고, 일생을 기록하는 습관을 갖자. 우리의 기억은 휘발적이나, 엑셀상 기록은 영원하다.

결론

    지금까지 시간관리를 다양한 각도에서 분석하고 관련 솔루션을 제시했다. 필자도 여전히 시간관리에 대해 많이 부족한 측면들이 있다. 그러나 운 좋게도 시간관리 중요성을 점차 깨닫고, 개선하려 지속 노력 중에 있다. 우리의 삶이 전생이 있을지 회생이 있을지 모른다. 그러나 확실한 건 1) 우리의 삶이 최소 1번 이상이라는 것과 2) 그 삶 속에서 시간관리를 하는 사람들과 그렇지 않은 사람들로 나눠져 있다는 것이다.

    이번 마지막 장에서 필자가 생각하는 시간관리의 핵심을 말하고자 한다.

시간관리는 수행이다.
    막상 시작하면 어렵지 않지만, 방심할 수 없다. 마스터하는 것은 거의 불가능이다. 우리의 생이 끝날 때까지 끊임없이 겸손한 자세로 수행해야 제대로 된 시간관리를 할 수 있다.

시간관리는 종합예술이다.

시간의 유한성과 흐름을 인지하는 것에 시작해서, 올바른 질문, 시간관리, 목표관리, 에너지관리, 실천, 습관 형성까지 여러 가지 일들을 해내야 한다. 오케스트라 같은 시간관리를 잘 수행하기 위해선 몸과 마음 모두 일치하여 실행해야 한다.

시간관리는 마음가짐이다.

필자는 기본적으로 인생 자체가 수행의 장이라 생각한다. 딱히 그 이유를 명확히 내세우긴 어렵지만, 주관적으로 여러 책들과 경험들을 토대로 볼 때 끊임없이 고지를 향해 우리 스스로를 단련하며 정진할 때 우리 인생은 업그레이드된다고 확신한다. 반면 일을 할 땐 게임이라 생각한다. 뭔가 정해져 있는 룰은 없지만, 그 속에서도 소수만이 깨닫는 게임의 룰이 있다. 이렇게 우리는 수행과 게임을 번갈아 가며 인생을 살아간다. 이때 시간관리는 한 번뿐인 인생에서 이왕 태어난 거 제대로 살아 보려는 굳은 마음가짐을 의미한다.

필자는 이 책을 써 내려가면서 시간관리에 대해 많은 것을 배웠다. 필자가 시간관리의 고수는 아니지만, 이 책에 쓰인 일부 내용들이 여러분들에게 조금이라도 도움이 되길 바란다. 참고로 이 책에서 제시한 음식, 운동 및 기타 팁 등은 필자의 주관적 관점이며, 정확한 의학적 근거를 하지 않음을 강조한다. 팁들을 참조할지 말지는 여러분의 선택이다. 이제 필자와 시간관리 모험을 마칠 시간이다. 원고를 마치기까지 2년이 넘는 시간이 걸렸다. 중간중간 책 쓰는 게 귀찮음에 의해 잊혀 갈 때쯤, 오늘은 1장만 쓰

자고 하며 어떻게 해서든 시작한 걸 끝내 보자는 마음으로 여기까지 달려왔다. 마음이 후련하다. 이 책을 만들기까지 혼자만의 힘으로는 결코 완성하지 못했을 것이다. 완고까지 옆에서 큰 힘과 사랑을 듬뿍 준 밀뚜에게 사랑과 감사를 표하며, 다방면으로 응원해 준 가족에게도 이 자리를 빌려 감사를 표한다. 『시간관리학개론』 책 집필은 완성했지만 시간관리는 평생 지속될 것이다. 1년, 5년, 10년, 20년 후 다시 이 책을 펼쳤을 때 필자의 시간관리 능력이 지금의 필자보다 월등히 뛰어나 있음을 확신하며 동시에 바란다. 여러분도 향후 다시 이 책을 펼쳤을 때, 현재의 여러분보다 월등히 뛰어난 모습이길 진심으로 바란다.

아시아 어딘가에서
주완(做完) 지음

참조

1 Jim Loehr, Tony Schwartz. (2005). 『The Power of Full Engagement: Managing Energy, Not Time, Is the Key to High Performance and Personal Renewal』. 미국: Free Press

2 국립국어원. Retrieved on 2019년 10월 27일 from https://opendict.korean.go.kr/dictionary/view?sense_no=739294

3 Cambridge Dictionary. Retrieved on 2019년 10월 27일 from https://dictionary.cambridge.org/ko/%EC%82%AC%EC%A0%84/%EC%98%81%EC%96%B4/time-management

4 Collins. Retrieved on 2019년 10월 27일 from https://www.collinsdictionary.com/dictionary/english/time-management

5 Baidu. Retrieved on 2019년 10월 27일 from https://baike.baidu.com/item/%E6%97%B6%E9%97%B4%E7%AE%A1%E7%90%86/1858453?fr=aladdin

6 'William Shakespeare', WIKIPEDIA. Retrieved on 2019년 11월 24일 from https://en.wikipedia.org/wiki/William_Shakespeare

7 'Time Quotes: 66 Best Time Manangetment Quotes', lifeoptimizer. Retrieved on 2019년 11월 24일 from https://www.lifeoptimizer.org/2007/03/08/66-best-quotes-on-time-management/

8 'Arthur Schopenhauer', WIKIPEDIA. Retrieved on 2019년 11월 24일 from https://en.wikipedia.org/wiki/Arthur_Schopenhauer

9 'Time Quotes: 66 Best Time Manangetment Quotes', lifeoptimizer. Retrieved on 2019년 11월 24일 from https://www.lifeoptimizer.org/2007/03/08/66-best-quotes-on-time-management/

10 'Alan Lakein', WIKIPEDIA. Retrieved on 2019년 11월 24일 from https://en.wikipedia.org/wiki/Alan_Lakein

11 'Time Quotes: 66 Best Time Manangetment Quotes', lifeoptimizer. Retrieved on 2019년 11월 24일 from https://www.lifeoptimizer.org/2007/03/08/66-best-quotes-on-time-management/

12 'Stephen Covey', WIKIPEDIA. Retrieved on 2019년 11월 24일 from https://en.wikipedia.org/wiki/Stephen_Covey

13 'Time Quotes: 66 Best Time Manangetment Quotes', lifeoptimizer. Retrieved on 2019년 11월 24일 from https://www.lifeoptimizer.org/2007/03/08/66-best-quotes-on-time-management/

14 'Benjamin Franklin', WIKIPEDIA. Retrieved on 2019년 11월 25일 from https://en.wikipedia.org/wiki/Benjamin_Franklin

15 네이버 영어사전. Retrieved on 2019년 11월 25일 from https://endic.naver.com/example.nhn?sLn=kr&exampleId=28136453&webCrawl=0

16 'Peter Drucker', WIKIPEDIA. Retrieved on 2019년 11월 25일 from https://en.wikipedia.org/wiki/Peter_Drucker

17 'Warren Buffett', WIKIPEDIA. Retrieved on 2019년 11월 26일 from https://en.wikipedia.org/wiki/Warren_Buffett

18 'What Warren Buffett taught Bill Gates about managing time by sharing his (nearly) blank calendar', CNBC. Retrieved on 2019년 11월 26일 from https://www.cnbc.com/2018/09/07/warren-buffett-taught-bill-gates-about-time-management-by-sharing-his-blank-calendar.html

19 'Mark Cuban', WIKIPEDIA. Retrieved on 2019년 11월 26일 from https://en.wikipedia.org/wiki/Mark_Cuban

20 'Why This Company Only Holds Meetings On Mondays', Forbes. Retrieved on 2019년 11월 26일 from https://www.forbes.com/sites/kevinkruse/2016/05/09/why-this-company-only-holds-meetings-on-mondays/#380786226df1

21 'Mike Cannon-Brookes', WIKIPEDIA. Retrieved on 2019년 11월 26일 from https://en.wikipedia.org/wiki/Mike_Cannon-Brookes

22 'Why This Company Only Holds Meetings On MondaysHow Self-Made Billionaires Prioritize for Better Focus and Productivity', Medium. Retrieved on 2019년 11월 26일 from https://medium.com/better-marketing/10-bil-lionaire-productivity-hacks-that-will-save-you-years-of-time-3b2f14ceec8

23 'The Negative Relationship Between a Messy Desk and Productivity', Inc. Retrieved on 2019년 12월 30일 from https://www.inc.com/larry-alton/waning-productivity-could-a-messy-desk-be-to-blame.html

24 이치카오 마코토. (2017년). 『자기 전 15분 미니멀 시간사용법』(임영신 옮김)(1판, p.30). 한국: 매일경제신문사

25 '13 shocking facts about how we waste time', hughculver.com. Retrieved on 2019년 12월 1일 from http://hughculver.com/13-shocking-facts-about-how-we-waste-time/

26 '13 shocking facts about how we waste time', hughculver.com. Retrieved on 2019년 12월 1일 from http://hughculver.com/13-shocking-facts-about-how-we-waste-time/

27 Rebecca Stead *, Matthew J. Shanahan, Richard W. J. Neufeld. (2010). 『"I'll go to therapy, eventually": Procrastination, stress and mental health』. 미국: Elsevier

28 Fuschia M. Sirois. (2015). 『Is procrastination a vulnerability factor for hypertension and cardiovascular disease? Testing an extension of the pro-crastination-health model』. 미국: Journal of Behavioral Medicine

29 '다윈 · 릴케 · 다빈치… 천재들은 '미루기'의 달인', 조선일보. Retrieved on 2020년 2월 1일 from http://news.chosun.com/site/data/html_dir/2019/02/15/2019021502958.html

30 '동안은 실제로 장수하고, 노안은 실제로 단명하더라', 조선일보. Re-trieved on 2020년 8월 11일 from https://biz.chosun.com/site/data/html_

dir/2011/07/05/2011070500737.html

31 '낙천주의자 수명이 15% 더 길다', 한겨레. Retrieved on 2020년 8월 11일 from http://www.hani.co.kr/arti/science/future/907586.html

32 Piers Steel PhD. (2012). 『The Procrastination Equation』. 미국: Harper Perennial

33 Piers Steel PhD. (2012). 『The Procrastination Equation』. 미국: Harper Perennial

34 'Time Management Facts and Figures', The Productivity Institute. Retrieved on 2020년 1월 24일 from https://www.balancetime.com/2018/12/time-management-facts-and-figures/

35 '재도전 기업 '창업정글' 생존율 두 배 높다', 매일경제. Retrieved on 2019년 12월 31일 from http://mba.mk.co.kr/view.php?sc=30000001&cm=SPC&year=2015&no=1117259&relatedcode=000010232

36 '张一鸣的时间管理法: 少应酬, 少客套', 商业MBA. Retrieved on 2021년 6월 7일 from https://mp.weixin.qq.com/s/JEG2kKq_3pSCutz_rNQUyQ

37 Kevin Kruse. (2015). 『15 Secrets Successful People Know About Time Management』. 미국: The Kruse Group

38 신정철. (2015년). 『메모 습관의 힘』. (p.304). 한국: 토네이도

39 'Why Successful People Take Notes And How to Make It Your Habit', Lifehack. Retrieved on 2020년 8월 2일 from https://www.lifehack.org/796333/take-notes

40 복기. NAVER 사전. Retrieved on 2020년 4월 5일 from https://dict.naver.com/search.nhn?dicQuery=%EB%B3%B5%EA%B8%B0&query=%EB%B3%B5%EA%B8%B0&target=dic&ie=utf8&query_utf=&isOnlyViewEE=

41 Postmortem. Merriam-Webster. Retrieved on 2020년 4월 5일 from https://www.merriam-webster.com/dictionary/postmortem

42 复盘, 百度汉语. Retrieved on 2020년 4월 5일 from https://dict.baidu.com/

s?wd=%E5%A4%8D%E7%9B%98&device=pc&from=home

43 '이창호 9단, 기량 유지 비결은 '복기의 힘'', 동아일보. Retrieved on 2021년 6월 7일 from https://www.donga.com/news/Culture/article/all/20180 131/88455617/4

44 '[신간] 레노버를 성공 기업으로 이끈『복기의 힘』', 독서신문. Retrieved on 2021년 6월 7일 from http://www.readersnews.com/news/articleView. html?idxno=73095

45 'Why Gratitude Is Good', Greater Good Magazine. Retrieved on 2021년 6월 7일 from https://greatergood.berkeley.edu/article/item/why_gratitude_is_ good

46 사친 판다. (2018년).『생체리듬의 과학』(김수진 옮김)(초판, p.47). 한국: 세종

47 '7 Ways Meditation Can Actually Change The Brain', Forbes. Retrieved on 2020년 2월 5일 from https://www.forbes.com/sites/alicegwal- ton/2015/02/09/7-ways-meditation-can-actually-change-the-brain/#7d8 ff9041465

48 '32 Famous Celebrities and Successful People Who Meditate (The Ultimate List)', Will's Personal-Development Show. Retrieved on 2020년 2월 5일 from https://willyoulaugh.com/celebrities-who-meditate/

49 桦泽紫苑. (2017).『为什么精英都是时间控』(郭勇译)(1판, P.92). 중국: 湖南 文艺出版社

50 'Top five regrets of the dying', The Gurdian. Retrieved on 2020년 2월 11 일 from https://www.theguardian.com/lifeandstyle/2012/feb/01/top-five- regrets-of-the-dying

51 Tom Rath. (2013).『EAT MOVE SLEEP』(1판, Sub-chapter: Step Away From Your Chair). 미국: Missionday

52 'All Apple employees now get standing desks — and Tim Cook has said he believes 'sitting is the new cancer'', Business Insider. Retrieved on 2020 년 1월 24일 from https://www.businessinsider.com/apple-employees-

standing-desks-tim-cook-sitting-cancer-2018-6

53 张展晖. (2018). 『掌控』(1판, p. 216). 중국: 北京联合出版公司

54 Jim Loehr and Tony Schwartz. (2003). 『The Power of Full Engagement』. 미국: Free Press.

55 'Pomodoro Technique', WIKIPEDIA. Retrieved on 2020년 3월 16일 from https://en.wikipedia.org/wiki/Pomodoro_Technique

56 '집에만 있는데도 생긴 손목 통증, 손목터널증후군이 원인?', 비즈니스코리아. Retrieved on 2020년 4월 19일 from http://www.businesskorea.co.kr/news/articleView.html?idxno=44355

57 '스마트폰 日 평균 '잠금해제' 횟수는?', 중앙일보. Retrieved on 2020년 3월 6일 from https://news.joins.com/article/21731319

시간관리학개론

© 주완, 2022

초판 1쇄 발행 2022년 1월 28일

지은이   주완
펴낸이   이기봉
편집   좋은땅 편집팀
펴낸곳   도서출판 좋은땅
주소   서울특별시 마포구 양화로12길 26 지월드빌딩 (서교동 395-7)
전화   02)374-8616~7
팩스   02)374-8614
이메일   gworldbook@naver.com
홈페이지   www.g-world.co.kr

ISBN   979-11-388-0608-4 (13190)